R. A. Karmanen

Tieteellisen maailmanlähestymistavan syväkritiikki

95 fragmentaarista teesiä tiededogmin temppelinoveen

© 2022, R. A. Karmanen

Kustantaja: BoD - Books on Demand, Helsinki, Suomi

Valmistaja: BoD - Books on Demand, Norderstedt, Saksa

ISBN: 978-952-80-6554-8

Näkökulmia vaihteleva jankutus kykenee avaamaan sen, johon yksinkertaistettu pelkistämisen ei pysty.

Olisi typerää kieltää se, mitä emme voi täysin selittää. (Camille Flammarion)

Esipuhe

Vaikka vastustaminen ei yleensä herätä arvomaailmaansa linnoittautuneita, vaan saa päinvastaista mieltä olevat käpertymään yhä syvemmälle käsityksiinsä, ei nykyisessä tilanteessa ole juuri muutakaan keinoa valaista aikamme vaivihkaa tunnistamattomaksi naamioitunutta ongelmaa, joka pitää yllättävän laajalla tavalla ihmiselämiä panttivankinaan. Siksi tämän teoksen ilmaisulajiksi on valikoitunut "epäkorrekti huutaminen".

Tämän kirjan tarkoituksena on subjektiivisin keinoin osoittaa objektiivisen maailmantutkimustavan puutteet ja sokeat pisteet. Sen tarkoituksena on osoittaa, että tietyn asenteen *keinotekoinen* omaksuminen aikaansaa näkökulman, joka oikeuttaa itsensä. Niin paljosta taikauskosta kuin *tiede* onkin meidät vapauttanut, se on kuitenkin tietämättään näkökulmasidonnaisen ajattelutapansa vanki. Niin paljon arvoituksia ja maailmanselityksiä kuin se on meille avannutkin, se on *aidon* subjektiivisen elämänalueen ulkopuolelleen jättämisen seurauksena aikaansaanut osittuneen maailmankuvan, jonka sisällä emme voi kokonaisvaltaisesti hyvin. Tieteellisen lähestymistavan viat eivät ole moninaisia, mutta ne piilevät perustassa, ovat laadultaan alkuvääristäviä ja osoittautuvat siksi vakaviksi kokonaismaailmankuvan typistäjiksi. On pidettävä mielessä että ongelmat piilevät pääasiassa *tasoa syvemmällä*, kuin tieteen tutkima laaja sfääri, eikä sen motivaatiosta tutkia kenttäänsä, ole juuri huomauttamista. Päinvastoin, tieteen

5

laajat, vuosia kestävät tutkimukset ja tuhansien ihmisten panos ansaitsevat syvää kunnioitusta: siksi myös tämän kirjoittaja on tietyin varauksin "tiedefani". *Nyt ei kuitenkaan ole kyse tutkimusten intensiivisestä kattavuudesta, vaan taustasta, joka on nyrjähtänyt sivuun tietynlaisen ylipainottuman syystä.*

Jotain hyvin olennaista puuttuu: Liialliseen epätarkentavaan objektiivisuuteen ajautunut *"mitentiede"* on unohtanut *"miksifilosofian"* ja siksi huomaamatta harhautunut laatunsamukaisiin *uskomuksiin* ja *näkökulman synnyttämiin* osatotuuksiin. Näitä uskomuksia ei ole helppo purkaa ja osoittaa, sillä ne piilevät *syvyyssuunnassa*, eivätkä vallitseva ajattelusuunta ja tieteelliset metodit yllä niitä havaitsemaan, eikä itsekorjaavuus korjaamaan...

Aforisminkaltainen tiivistetty teksti, joka on oivalluskykyiselle mielelle eräänlainen viitteenomainen *syväperustelu*, voi kuitenkin tarttua tähän tehtävään: pintaperusteluihin *oppineelle ja tottuneelle* se on tosin usein kuitenkin vain pelkkä kalpea väite.

Kirjan aforismit on otsikoitu siksi, että ne valaisisivat ongelmaa hieman toisesta tulosuunnasta ja täsmentäisivät merkitystä, joka ei ole *käsitesovittu*, vaan piilee mainitun oivallustyön takana. Täsmentävien sanahirviöotsikoiden on tarkoitus – paitsi älyllisesti stimuloida ja täsmentää - myös humoristisesti keventää raskasta aihepiiriä, jota on usein pakko lähestyä tympeässä kriittisen negaation valossa.

Tämänkaltainen kirjallinen hanke on tietenkin mustamaalausyistä orastavan kirjallisen uran itsemurha ja sille tullaan tuhahtelemaan ja nauramaan *tarkoitushakuista* leimanaurua, se pyritään järjestelmällisesti sivuuttamaan ja unohtamaan, sillä uljas ylpeä tiede ei ainakaan ensi näkemältä vaikuta olevan ansaitun kritiikin oikeutettu kohde: ajassamme kun on ilmiöitä joita vastaan se ansaitusti ja epäitsekkäästi taistelee, eikä tätä työtä sovi järkyttää.

Varsinaisen aforistisen syvähavainnon edistyessä pyritään kuitenkin paljastamaan syitä, miksi näinkin tulee olla. Tieteellisestä maailmankuvasta on tullut pyhä lehmä, jonka metodin *uskotaan* purevan aivan kaikkeen, ilman valjuuntumista, mahdottomuutta, tai vääristymiä.

Koska tieteellisen maailmakuvan ongelma on, että siitä puuttuu syvyys-suunta, sen kritiikki on osoitettavissa ainoastaan tämänkaltaisen osista muodostuvan kokonaisuuden avulla. Yksittäinen tiivistetty aforismi ei vielä avaa mitään, vaan ne on nivottava yhteen, kokonaisuudeksi.

Lapsi pesuveden mukana

Tieteelliseen tutkimusmetodiin kuuluu yllättävä kasvannainen: Se on sokea omalle puutteellisuudelleen. Kuuluisa "itsekorjaavuus" ei yllä *pinnan alle*. Tiedelähestymistavan pahin vika on rivien välistä lukemiskyvyttömyys. Se ei omaa syväperusteluiden havainnointikykyä ja vaatii pintaperusteluita syvätotuuksiin. Näin se menettää ihmiselle olennaisen syvätotuuden, eikä se enää kuulu maailmankuvaamme. Kun se ei ole pitkään aikaan kuulunut maailmankuvaamme, se on muuttunut vieraaksi. Näin viisaus ja usko sekoitetaan toisiinsa, eikä leväperäistä sokeaa uskoa ja viisauden hedelmiä kyetä erottamaan toisistaan.

Johtajan esimerkki

Tieteessä ei ole todellista syvyyssuuntaa, mutta se on oppinut pitämään *monimutkaisuutta* syvyytenä. Tämä malli suodattuu myös maailman yleiseen mielipiteeseen sillä tieteen osoittama auktoriteettisunta syrjii syvyyttä inhimillisessä kokonaiskuvassakin. Siksi syvyyttä ei enää tunnisteta ja erotuskyvyn puutteessa sitä samaistetaan usein jopa uskontoihin. Lisäksi vallitseva elämäntapa tukee epäherkän syvänäkökyvyttömyyden edistymis-tä.

Metodin raja ja piirin ulkopuoli

Ulkoinen mittaustiede operoi usein "miten kysymyksen", luokittelun ja nimeämisen avulla; ulkopuolelta. Lähestymistapa toimii erittäin hyvin niillä elämän alueilla, *jotka tällä tavalla tutkittavissa ovat*. Se minne kyseinen tutkimustapa ei yllä, jää yhä enemmän katveeseen. Tieteellinen tutkimus-metodi on luonut itselleen tilan ja antanut maailmalle suunnan.

Kanonisoitunut lähestymistapakummallisuus

Monet *uskovat*, että "miljoona kirjainta" muuttuu kirjaksi kun ne asetetaan säkkiin ja ravistellaan riittävän kauan. Monet *uskovat* sen siksi, että toisetkin näyttävät uskovan ja ajattelevat heidän varmaankin perehtyneen asiaan paremmin? Miksen siis minäkin?

Näin syntyy kaksi uskonlaatua: Sokea tieteellinen auktoriteettiusko ja siinä pesivä halu kuulua yleistä arvostusta nauttivien joukkoon, sekä *usko mahdottomuuteen* siksi, että alku ja loppu on havaintokykymme ulottumattomissa - ja että niin nyt vain *näyttää käyvän*, eikä ongelma ole varmaankaan kovin olennainen, koska emme saa siitä objektiivisesti kiinni.

Omaksumistiedonlajin massapsykoosi

Ihmismielellä on hämmästyttävä kyky olla katsomatta ytimeen, silloin kun järjestelmä on jo tehnyt sen hänen puolestaan ja hän saattaa sijoittaa tilanteen jonkun siihen kuuluvan käsitteen alle, kuten esimerkiksi kreationismi – vaikkei se siihen lähemmin tarkasteltuna mitenkään sopisikaan.

Prosessin tutkimusharha ja syvätiedon rappio

Se että kosmos järjestyisi itsekseen ja kaaoksen saattelemana muotoihin, joka sisältää kauneutta, monitasoista tarkoituksenmukaisuutta ja äärimmäistä järkeä on aikamme suurin uskomus. Tunneälytön ja yksilöity *prosessin* tutkiminen on mahdollistanut tämän. Lisäksi juureton toistotieto ja vallitseva, vasemman aivopuoliskon suuntaan kallistunut muisteluajattelu vahvistaa sen rakennetta.

Valitun metoditien osiinhajottama

Kun tietää kaikesta jonkin verran, kokonaisuudella on mahdollisuus hahmottua. Kun tietää vähästä paljon, kokonaisuus hämärtyy. Aikamme takoo fakkiutumista, eikä syvyyssuuntaan ulottuva maailmankuva todella täydenny osittuneessa ja vain pinnalleyltävässä ympäristössä. Asiantuntijoiden laajakaan sirpaletieto ei johda olennaisen kokonaisuuden hahmottumiseen, eivätkä syväpalat ole käytettävissä, vaan kiellettyjen listalla. Vain todistettavissaoleva kuuluu maailmakuvaamme.

Tiede on tämän massiivisen osittuneen sektoriälykkyyden vaikuttava, mutta syväyhdistelykyvytön kokoelmalinnake, jonka resurssit ja kyky *noudattavat testaavuuden rajoja*. Se ei näe tilaansa, mutta taistelee menneiden aikakausien suuntausolosuhteissa saavutetulla massallaan toisinajattelua vastaan, organisoidusti ja voitokkaasti.

Tieteen puolitietoinen ydinparadigma ymmärtää ainoastaan yhden maailmanlähestymistavan: "rautalangasta vääntämisen tavan". Muu on vallankäytöllisen taikauskoleiman takalukossa ja materialistisen pintaperustelu-uskonvaatimuksen näivettävässä talutusnuorassa.

Väärästä epäilymotiivista näennäistotuudeksi

Epäilyn perusteena käytetään yleensä väärää metodia. Se että jotain ei ole (vielä) todistettu, ei kelpaa siksi. Todisteiden puute palvelee kankeaa maailmankuvaa joka *tulee uskoneeksi*, että sitä mitä ei voi tieteellisin menetelmin todistaa, ei ole olemassa - tai sitä ei auktoriteettiaseman menettämisen ja ennakkoluulon syistä ole edes yritetty todistaa, sillä kasvojen menetyksen pelko on yleensä totuutta suurempi voima.

Lähtökohtaerheestä ylpeään yksisilmäisyyteen

Vaatii suunnatonta uskoa, että olettaa sattuman ja kaaoksen luovan käsittämättömän monimutkaisia lakeja, rakenteita, atomipilvimuotoja, niiden havaitsijoita ja organismeja, jotka ylläpityvät tietyn ajan muuttumatta. Tällaiselle pohjalle rakennettu "miten kaikki toimii tutkimus" tulee suunnattoman sokeaksi ihmeelle, vaikka toisin väittäisikin.

Dogmatismin ja organisoinnin seuraus

Uskonnot ovat totuuden puun kuivuneita oksia. Tiede on osittain nähtävä niiden toiseen laitaan heilahtaneena tarpeellisena vastavoimana. Syväjärki tuo heilurin lopulta enemmän keskelle.

9

Kyseenalainen velvollisuudentuntomotiiviohjuri

Jos on sisäänotettu tieteen lojaliteettia takovaan kunniajärjestelmään, on altis sokealle ja automaattiselle puolustusasenteelle ja tieteelliselle auktoriteettiuskolle.

Totunnaisen maailmanlähestymistavan tiedostamaton rajoite

Toinen näkee asian sisältä käsin, toinen opetetun tiedon valossa. Jälkimmäinen sanoo: emme voi nähdä koko totuutta: "Kaadettu oppi" on samalla sekä siunaus, että kirous. Se ohjaa oivalluskyvyttömyyden kentälle ja ajaa oikeuttamaan suuntansa. Kun synnyttää tietyn totuudenlähestymistavan, se sanelee huomaamatta oman jatkonsa.

Kuplakerhon keinotekoinen raja

Falsifikationismin mukaan todella olennaisia ovat vain ne väitteet, jotka on mahdollista osoittaa vääriksi jollakin havainnolla. Huomaamattaan kyseinen *oppi* tulee määrittäneeksi tieteelle keinotekoiset rajat. Niiden edelleen huomaamattoman hyväksymisen jälkeen keskustellaan vain havaintotieteen piirin sisäpuolella. Kun sille kertyy materiaalia ja alkueräinen väärän päätelmän ehto unohtuu, se alkaa vahvistaa omaa näkökulmaansa ja väärään auktoriteettiin vetoavia kieltäjiä löytyy jo runsaasti.

Pintakäsitelukkiumapuusilmä

Filosofiassa käsitteillä ei tule olla itseisarvoa. Ne ainoastaan viittaavat kuningasideaan. Ne tulee voida vaihtaa ja lähestyä asiaa toisella valaisevalla termillä. Yhdeksi sovituksi termiksi jäädyttäminen ei toimi filosofian alueilla, kuten esimerkiksi tekniikassa. Muutoin käsitelukkiutuma tekee puheesta vain syväoivallusta välttelevää sanojen siirtelyä, joka on tuomittu palaamaan takaisin pinnalle. Hyveen keskusta vailla olevat, ja siksi loputtomien saivartelujen kentille eksyneet filosofit tukeutuvat viimeisenä keinonaan käsitteiden jäädyttämiseen, koska viiteymmärrysyhteys on herkkyyden menettämisen myötä poikki.

10

Ydinsuunnan erotuskyvyttömyys

Nyanssipuhdistettuun nippelitietoon nojautuva hukkuu epäolennaisten näkökulmien moninaisuuteen. Kun suurta ei eroteta pienestä ja terve tunne typistetään metodologisesti ulos, syntyy väärien painotusten osittunut korttitalo, jonka zoomi on aivan liian pienellä.

Papukaijatiedon vääristävä paise

Tiedontoistajien yhteiskunnassa viisaus on syvässä oppositiossa. Oivallusten sijaan opetetaan omaksumisen kykyä.

Aikakauden salaliittohenki

Ilman tunneälyä, voi väittää mitä tahansa ja riipiä nykyään laajasta perustevarastosta perusteilta näyttäviä perusteita. Keinotekoisten vastaväitteiden arsenaali on lähes loputon. Tämä tapahtuu usein pätemisentarpeesta, ei totuudenhalusta käsin.

Väärä keinotekoinen metodi

Nähdäksesi totuuden; kehitä kaavamainen, tunnenyanssivapaa mieli. Tämä on nykyajan harhamantra.

Automaattifaktausko(-o)raa(k)kileen tiedostus

Niin sanotut faktat saattavat johtaa myös harhaan, jos ei ole elämäntavan viisauden herättämää kykyä nähdä niitä sisältäpäin. *Tulkinta*, joka lepää syvyyden, ei osittuneen todistettavissaolevan perustalla, on lopulta ainoa olennainen yhteenkasaaja ja kokonaisuudennäkijä. Se lepääkö tulkinta kokonaisen syvyyden vai saatavissaolevan ja metodinvalikoivan nippelimassan perustalla, on olennaista.

Yksisuuntainen arvoputki ja hyötykäytön ehto

Nykyisessä älynkäyttösuunnassa luovuus muuttuu neliömäiseksi, eikä se etene totuuden suuntaan, vaan kahlaa mielivaltaisuuden kentällä.

11

Sisäpiirihenkikupla ja todellisuuden valikointi

Tarvitaan *omaa* avointa perehtymistä ennen selittämistä. Toisen käden tieto on tyypillistä skeptikoille. Heitä leivotaan lisää sillä puolueellisella propagandalla, jossa hassuja huuhaaesimerkkejä pyöritellään tarkoitushakuisesti ja olennainen sivuutetaan, ja vääristellään sopivalla tavalla metodiuskon tueksi. Skeptisen puolueettoman asiallisuuden pinnan alla piilee usein hurmoshenkinen piilosaarnamies, jolla on maailmaasyleilevä skeptinen missio. Jos se mitä muut samanmieliset sanovat, riittää, ovesta hiipii samalla hetkellä sisään uskonnollisen ilmoituksen sävy. Omaa puolueetonta perehtymistä ei tarvita/kaivata, sillä lopullinen motiivi ei ole totuudessa vaan materian suuntaan juuttuneessa oikeassolemisenhalussa. Subjektiivinen syvyys ei ole laumahurmos- tai painotusten vääntelylaji, eikä se pala retoriikan pinnallisuusvaatimustulessa.

Irralleen riistetty

Elämme toistentiedon toistajien yhteiskunnassa. Tämä on johtanut syvätiedon rappioon. Jos opittua toistetaan juuria ymmärtämättä, siitä katoaa henki. Kun sitä on tehty riittävän kauan ja kaikkialla, se on muuttunut yleistilaksi, joka vahtii mustasukkaisesti pinnan alle menijöitä.

Yliepäily ja tiedostamaton keskosuus

Ihminen on yleensä kypsä filosofointiin vasta 20 ikävuoden jälkeen. Kuitenkin hänet opetetaan voimakkaasti epäilemään kaikkea herkempää oivallusta ennen sitä ja tukeutumaan leikattuihin, ulkoisiin muistitietofaktoihin. Lisäksi ajattelu muutetaan väkivalloin ulkoiseksi, eikä todellista kypsyyttä siksi usein koskaan saavuteta.

Maailmallisuuden ohjaama alkusuuntausvääntö

Platon ja Aristoteles taistelivat historian kentällä. Aristoteles voitti, koska ulkoinen vääristymä tarjosi sille oikeutuksen ja tilan. Vallitsevat tiedonhaltijat sanovat, "onneksi niin kävi", sillä heidän totuudenlähestymistapansa

12

on muotoutunut lähtökohtansa kuvaksi. Jos Platon olisi voittanut, olisimme toista mieltä. Aristotelinen ihmeeseen neutraalisti ja kyseenalaistamattomasti suhtautuva varmistelututkimus olisi vain sekundaarisen tieteen asemassa, kaikkialle ulottumattoman luonteensa vuoksi. Oppineisuus voitti ja viisaus hävisi ja koska jälkimmäistä ei hämmentyneessä ajassamme enää ole, emme ymmärrä sitä kaivata, vaan valaisemme ylpeinä maailmaa rajoille pysähtyvällä lampulla ja saarnaamme kierteenomaisesti yksisilmäisyyden maailmanlähestymistapaoppia kunnian ja arvonannon syötin nielaisseille, lojaliteetin sokaisemille soihdunkantajille, jotka ovat asemansa maailman yleissuunnaksi linnoittaneet.

Monitasoista tarkoituksenmukaisuutta sattumalta

Näennäisen itsestään tapahtuvat prosessit ovat hämänneet tieteentekijät uskomaan *satunnaiseen muodostumiseen*. Tämä on mahdollistunut tieteen *keinotekoisen metodipullonkaulan* välityksellä. Se lähestyy asioita tietyllä tavalla: "ulkopuolelta". Tiede on tutkinut keskittyneesti pelkkää prosessia, todella nostamatta katsettaan mahdottomuuden ideaan: "koska näin on ja prosessi niin kulkee, niin nyt vain... on... Muu kysymyksenasettelu on turhaa ja epätieteellistä". Toki niin, mutta vain keinotekoisesti valitun *metodin pitkään luutuneesta näkökulmasta.*

Selitämme löydetyllä selittämättä löydettyä

Tieteellinen maailmakuva lepää itsestäänmuodostumisuskon savisella perustuksella. Se selittää evoluutiolla, *selittämättä evoluutiota* muutoin kuin havaittuna, löydettynä prosessina ja se kokee, ettei sen muu selittäminen ole olennaista. Tieteellinen maailmankuva tulee näin uskoneeksi esimerkiksi aivojen olevan sattuman ja järjettömän atomitörmäilyn tuotos, jossa ei ole oikeasti merkitystä ja mieltä. Se on loistavasti löytänyt evoluution, muttei ymmärtänyt sitä ja kuitenkin selittää sen avulla asioita, *aivan keskeltä... Ei evoluution havaitulla prosessilla itsellään voi selittää evoluution mystisesti olemassa olevaa periaatetta...*

13

Kaiken lisäksi kyseinen reikiä sisältävä maailmankuva on hukannut tämän olennaisen kysymyksen nippeleiden suunnattomaan "samanarvoiseen" massaan ja kykenee siksi sivuuttamaan olennaisen päivästä päivään...

Raja

Se joka ei kykene *seuraamaan* syvälle, vaan pysähtyy opitusti ja herkkyydenpuutteessaan rajalle, näkee syväperustelussa pelkän epätäsmällisen väitteen. Tämä aiheuttaa osapuolissa molemminpuolista kummeksuntaa, eivätkä maailmanhahmottamisen tavat kohtaa. "Runoilijalle" ei tarvitse selittää, "ulkoaopetetun muistelijain" aivomuokkautumisuunta puolestaan vaatii sitä.

Osatieteilijän maailmanlähestymisuni

"Nukketeatterissa tapahtuu. Emme kysy miten tyhjyydestä nousi nukketeatteri ja joka kykenee ylläpitämään itseään hajaantumatta, sillä olemme menettäneet kykymme siihen ja alkaneet uskoa että tällaisten vastausten saaminen on mahdotonta. Sen sijaan voimme nukketeatterin tapahtumien avulla selittää loistavasti elämää, sillä se näyttää jostakin syystä soveltuvan siihen mainiosti. Miksi näin on, siitä emme yleisessä ilmapiirimuodostumassa saa olla kiinnostuneita, eikä se kiinnostavaa olekaan. On paljon kiinnostavampaa operoida pintatasolla ja katsoa kokonaisuutta keskeltä – mystisten, mutta arkipäiväistymisinflaatioon hukkuneiden aistien todellisuutta säätävistä ikkunoista."

Suunnattoman sattuman monimutkainen jatkumo

Evoluutio ei ole selitys, vaan havaittu prosessi. Eihän autotehtaan hihnaakaan selitetä sen *toimintaprosessin oivalluksella*. Vielä hölmömpää olisi väittää, että tehdas on muodostunut ja ylläpityy aavikolla itsekseen, ilman insinöörin järkeä. Mutta ne jotka uskovat satunnaisen älyttömän kokoonpanon selitykseen, pitävät kädessään etuoikeutettujen lauma-ajattelijoiden vääristynyttä sisäänpääsylipuketta, jossa on lojaliteetin hämäävä leima.

14

Opetetun tiedon vääristävä voima

Pelkästään ihmisen muotoisessa atomipilvessä on lukuisia päällekkäisiä järjestelmiä, jotka ovat yksinäänkin mukautumiskyvyssään paljon älykkäämpiä, kuin mitä ylpeä ihminen on koskaan luonut ja vaivalla suunnitellut. Omituinen uskomus, jonka mukaan niitä ei ole aikaansaanut äly ja niitä ei ylläpidä suunnaton viisaus (tässä vaiheessa on syytä muistuttaa, että evoluutio, DNA ja luonnonlaki ovat tietenkin myös nerokkaita ja pysyviä järjestelmiä, eikä niiden ulkopiirteiden havainnoija voi niiden avulla todella selittää mitään), vaan ne ovat syntyneet sattumalta ja toimivat kaaoksen asiamiehen ja satunnaisen atomitörmäilyn toimesta itsestään, on järjetön julkilausumaton skeptinen taustaselitys, jota ei kyetä kyseenalaistamaan kahdesta syystä:

1. Vallitsevaksi kehittynyt ja ajautunut ajattelusuunta on kadottanut olennaisen syvähavaitsemiskyvyn ja lähestyy maailmaa *toisin*: riittämättömästi, vaikkakin muilla alueilla hämäävän kunnioitettavasti.

2. Kristillisen jumalkäsityksen huomattava puutteellisuus vaikuttaa taustalla, ja lisäksi siitä saadusta materialistisen tieteen "voitosta" ei haluta luonnollisesti peruuttaa tuumaakaan.

Kaiken lisäksi älyä sisältävät lukuisat järjestelmät jotka ylittävät hienoudessaan ihmisen käsityskyvyn, muodostavat suunnattoman ja harmonisen osista koostuvan *kokonaisuuden*, jonka osia ovat vaikkapa ruuansulatus, joka on meille tuntematon lahja ja vaikka tunnemme sen prosessin, emme todella tunne sitä muodostavaa ja ylläpitävää viisautta, joka on tavallaan *tieteellisen lähestymistavan ulkopuolinen kysymys*, tai kuten aivot, joiden avulla toimimme ja samalla uskomusperäisesti olettaen, että ne jollakin tuntemattomalla tavalla varmaankin synnyttävän mystisen tietoisuuden valon.

Tieteen mittarit eivät kykene pureutumaan varsinaiseen *syvähavaintoon*, eikä sitä siksi osata pitää olennaisena, vaan ulkopuolista lähestymistapaa pyritään ainoastaan tarkentamaan. Tuloksena on lisää todisteita huimaavan hienosta *prosessista*, jonka ihmettä ei kuitenkaan *todella* nähdä, vaan

15

karu arkipäiväistyminen luo maailmankeitokseen myrkyllisen lisämaus-
teensa, joka peittää alleen kaikki muut hienoviritteiset, mutta olennaiset
maut.

Tieteellisen tutkimuskulttuurin piirissä pitkään työskennelleet ja sen
maailmanlähestymistapaan oppineet ja tottuneet, eivät enää kykene näke-
mään muita, kuin käytännöllisesti lähestyttäviä kysymyksiä, joista voi
artikuloida ainoastaan, kun niistä on poistettu kysymyksenasettelun avulla
viitteenomaisen ymmärryksen tarve, osuus ja mahdollisuus. Kun tiedeken-
tän valmiiksi pureskeltu ja syvähavaintotarvepuhdistettu ajattelu on näin
valmistettu matemaattisluonteisen osittuneelle ja muusta elämästä pelkiste-
tylle luettelointitasolle, syvähavainnon olennaisuus on vähitellen unohdettu.
Siksi emme enää osaa palata elämälle niin olennaiseen syvyyteen, jonka
tasolta on itsestään selvää, että elämme täydellisen nerokkaassa järjestelmi-
en yhteisvaikutuskentässä ja jopa tutkimme sitä lahjaksi saamallamme järjes-
telmällä; vieläpä olemme itse lukuisten toisiaan tukevien ja toisiinsa nivou-
tuvien järjestelmien ylläpitämä superjärjestelmä, joka katsoo lukuisista eri
tasoista muodostettuja superjärjestelmiä ulkopuolellaan, niissä kauneutta ja
harmoniaa nähden. Jos ei siinä ole muodostejärkeä ja tarkoituksenmukai-
suutta, on syytä tarkistaa, onko sittenkin vinoutuneen ajattelumallin oh-
jelmoima teoreettisen siirtotiedon harhaanjohdettu uhri, jonka omaksuttu
mielipide ei ole kotoisin totuudesta, vaan opista...

Mahdottomuuden poisto

Tiede itsessään ei muutu miksikään, vaikka sen perustaan; kaaosuskon
tilalle, lisätään kosmoksen ominaisuus: luova ja järjestävä järki. Vallitsevas-
sa suunnattomassa uskonnollisessa väärinymmärrystilanteessa ei ole kor-
rektia nimittää sitä jumalaksi, tai edes Kosmokratoriksi, mutta niinkin voi
toki tehdä, kun muistaa, että sillä ei ole mitään tekemistä uskontojen
vääristyneen, kiukkuisen ja puolueellisen "jumalan" kanssa. Väärinkäsitetty
uskonnollinen jumala, jota ollaan vuosisatojen ajan käytetty oman valtaan-
nousupelin välikappaleena, on turmellut kosmisen arkkitehdin maineen.

16

Äärettömyyden laki

Mistä luova ja järjestävä järki – kosmoksen arkkitehti - tuli? Se on universumin ominaisuus: Koskaan loppumattomassa äärettömyydessä, jossa ei ole vielä mitään tuntemaamme, on kuitenkin äärettömien mahdollisuuksien potentiaali, koska äärettömyydessä kaikkia suuntia on äärettömästi.

Siksi äärettömyys sisältää äärettömän määrän kombinaatiomahdollisuuksia Siksi siinä täytyy olla myös "kohta", jossa kaikki mahdollisuudet lepäävät täsmälleen oikeissa suhteissa toisiinsa, jotta "syntyy" tietoisuuden keskus, sen kontrollointi ja hallintakyky. Pitkä aika ja aineen perusosasten törmäily ei todella voi synnyttää inteligenssitöntä äärimmäisen monimuotoista ja tasoista elonkehää, joka on olemassa kaaoksen toimesta, itsekseen ja *jatkuvasti*. Se että ajan saatossa muodostuisi sattuman luoma harmoninen atomipilvi, maapallon elonkehä tai ihmisruumis, joka vieläpä pysyy, kykenee liikkumaan ja kehittyy, mutta ei sisällä järkeä, on mahdoton, näivettyneen teoreettisen ajattelutavan mahdollistama *uskomus*.

Siteerauspasianssi, arvostusvaltapeli ja papukaijatiedon kokoelma

Meistä on tullut juurettoman ulkopuolisen "toistentiedon" siteeraajia, viittaajia ja lainaajia, jolle oma ajattelu on julistettu häpeälliseksi mutuiluksi. Sektoroituneista asiantuntijalausunnoista kokoonliimattu maailmankuva ei ulotu syvyyssuuntaan. Vaikka tiedeyhteisön maailmankuva, johon on käytetty tuhansia ja taas tuhansia ihmisiä ja satoja vuosia, karttuu kunnioitettavalla tavalla, lopulta tietyissä asioissa ihmisen on tehtävä tietyt havainnot täysin itsenäisesti. Siltä on kuitenkin otettu tila pois, sillä syväperusteita ei hyväksytä osittuneeseen katsantokantaan linnoittautuneessa pintaperustelukulttuurissa. Ne jotka katsovat linnoituksen ulkopuolelle, julistetaan kerettiläisiksi ja nähdään tästä linnoituksen sisäisestä näkökulma-ajautumasta käsin yhteen luokkaan kuuluvina uskovina. Tieteellisen todistettavuususkon kannattajat eivät tiedä eivätkä hyväksy, että *kaikkea olennaista ei voi heidän tavallaan todistaa*, mutta sitä voidaan silti lähestyä.

17

Tiede on juuttunut todistelutarpeen pullonkaulaan ja tämä piirtää sen ympärille rautaiset ulkorajat. Todistettavuusdogmi sulkee mm. järjen ulos "luonnonjärjestelmistä" ja vaikka paikkaa sen suunnattomalla itsemuodostuvuususkolla, ei suostu tarkistamaan dogmaattista maailmanlähestymismetodiaan, sillä rajojen sisällä pitävä todistettavuusdogmi piirtää todellisuuden pinnalle huomaamattoman ympyrän, jonka sisäpuolta tutkitaan ansiokkaasti pikkutarkalla seulalla. Samalla kyseinen keinotekoinen lähestymistapa vahtii, että kukaan muukaan ei poikkea ulos ilman arvostusta kahmineitten pilkkaleimaa.

Tarkoituspyhityskeino

Tämän kirjoittajaa tullaan nimittämään leimaustarkoitushakuisesti kreationistiksi. Se on käsite jota ei haluta vallankäyttösyistä *tarkentaa*. On vallankäyttäjän etu, että uuden totuuden esittäjät sotketaan raamatulliseen viidentuhannen vuoden luomisprosessiuskon kannattajiin. Näin suojellaan lojaalisti omaa *oppia*, sillä sen avara vapaus on tässä tapauksessa vain näennäinen kunniakoriste. Unohtava sivuuttaminen on yhtä käypä ase. Sisäisen vaivaamisen tunteen voi aina haudata kiireisen sektorielämäntehtävän alle.

Sekundaaritiedon syntyjuuri

Oppimisessa paljon nykyistä suurempi määrä tulisi olla oivallusoppimista. Teoreettisulkoiseen lähestymistapaan ohjaaminen tekee ihmisestä vallitsevia näkemyksiä toistavan automaatin.

Ongelma on koulunkäynti-iässä kuitenkin niin hähmäinen, että joillekin yksilöille ominainen koulukapinoimisen tarve tätä tunnistamatonta ymmärryskyvyn vääristäjää kohtaan ei löydä oikeaa kohdettaan ja sen energia suuntautuu muualle, yleensä vieläpä lisävinouttavin ja tuhoisin seurauksin.

Ne jotka antautuvat koulun aivomuokkauksen tavalle, pärjäävät – koska täyttävät tarpeetonta energiaa syövän syvyyssaivo-osionsa olennaiselta vaikuttavalla, kunniaan johtavalla täsmätiedonlajilla - mutta samalla huomaamattaan teoretisoituvat, osittuvat, näkökulmasidonnaistuvat... ja heille annetaan valta.

Tulkinnan vai omaksumisen tapa

Sanskritin kehittäjät olivat viisaita miehiä. He välttivät hengettömän omaksumistiedon ja "ulkoaoppimisteoretisoitumisen" vaaran, siten, että tekstiä piti *tulkita*, jotta se avautui; ei vain *lukea ja omaksua*: Tietyt kirjaimet merkitään sanskritin kielessä konsonantin eteen, taakse, tai ylä/alapuolelle. Lukija joutuu *lukemaan merkitystä*, eikä pääse etenemään vakava-asteiseen ulkoisteoreettiseen ilmoituslukusuuntaan, josta me täällä liiaksi täsmentävässä ja käsiteuskoisessa lännessä kärsimme. Sanskritin vaikutusalueella tieto eteni *parhaimmillaan* syvyyssuuntaan. Tällä läntisen omaksumistavan alueella taas etenimme kohti siirtotiedon hallitsemattomia vuoria, niiden mahdollistamaa teknistä soveltamista ja sen säännönmukaista luokittelumaailmaa, johon em. mainittu jäädytetty tiedonlaji soveltuu loistavasti.

Traagista on se, että jälkimmäisen ylisukupolvinen ja mielipiteiltään vakiintunut harjoittajakunta ei tunnista ensimmäistä tiedoksi, eikä erota sen uskonnollisia erehdyksiä olennaisista havainnosta, vaan vasemman aivopuoliskon luokitteluinnossaan sijoittaa sen kokonaisuudessaan uskon laariin.

Irroitus totunnaisuudesta

Luonto on äärimmäisen täynnä viisasta ja tarkoitusperäistä tietoa. Sitä usein jopa hyvin paradoksaalisella tavalla ja lainakaan kyseenalaistamatta *etsitään*, pohdittaessa luonnon järkeviä toimintatapoja. "Aa, näinhän se on. Olipa luonto taas viisas. Nyt me sen 'tiedämme'. Kunnia meille!?"

Mutta mistä se tuli? Mitä se on? *Kuinka* siinä voi olla järkeä? *Järki itse on todiste järjen olemassaolosta.* Ei sitä pidä tottuneen arkipäiväistymisen vuoksi sivuuttaa ja kiinnittää huomiota pelkkään kuivaan sivuasiaan ja mitenprosessiin; tai puhua ylipäätään ylimalkaisesti "luonnosta".

19

Päälle liimattu ajattelukulttuuri

Usein pysytään keinotekoisesti, ulkoisesti ja kaavamaisen kurinalaisesti liian pitkään asian määritellyssä kuvassa, eikä hyödynnetä niitä assosiaatiorönsyjä, jotka pitävät terveen ajattelun elossa. Tämä yleensä kasvattaa tunnekuollutta, syvällisyyden kannalta hyödytöntä luokittelumateriaalia ja kuivaa narisevaa oppineisuutta.

Ryhmän arvovalta vai totuus

Uskovan tunnistaa siitä, että hän ei löydä mitään kritisoitavaa edustamastaan ryhmästä. Tämä kuuluu myös tieteen kaikkivoipaiseen tutkimuskykyyn uskovan tunnusmerkistöön. Närkästymistä seuraa ylenkatse, toisinaan selittely, muttei koskaan todellinen itsekriittinen arviointi. Usein perimmäinen vaikutin on yhteisössä saavutettu asema, jopa yhteisön liepeillä leijuva tähtipölykin riittää, sillä hännystelijän arovalta on kohtuuttoman suuri. Arvostuksen ja totuuden valtapelissä voiton perii jo mukavuussyistäkin ensin mainittu.

Itseanalyysiin ei tunnu olevan tarvetta, sillä järjestelmämme on tietenkin täydellinen, sillä se on osoittanut sen jo niin monta kertaa – järjestelmän määrittämien rajojen sisällä tosin, mutta emme juuri nyt halua katsoa ulkopuolelle. Voisimme havaita jotakin ja mieluummin nautimme kunniag|glooriasta, sillä meillä menee nyt lujaa ja puolijumalan arvostusasema on miellyttävä. Se riittää. Syvätarkentamista emme kaipaa. Ripustimme monimutkaisen maailmankuvamme tyhjän päälle. Eiköhän se ole ok.

Kulttuurievoluution rappiosiemen

Lähteiden avulla "ajattelu" on kummallinen todiste oivalluskyvyn puutteesta: Joillakin on tapana kysyä lähdettä ja jos se hänen mielestään ok, asia on niin, muutoin taas ei. Hänen kritiikkinsä on muovautunut samasta perustasta ja kallistuu teknisen testauksen *mahdollisuuksien* suuntaan. Mieli on liikaa keinotekoisen kurinpidon alainen ja suuntaansa tottunut, jotta syvätotuudentaju voisi toimia ja synnyttää *luotettavan* oivalluksen, jonka

20

juuret nähdään herkkyyden ja logiikan avulla. *Tietyt totuudet piilevät subjektiivisen oivallustien päässä.* Kokonaisuuden havainto ei toimi pelkästään objektiivisessa maailmanosassa ja koska syväoivallusta ei opeteta koulussa ja päteminen sen helposti pilaa, olemme umpikujassa.

Vastenmielisyyden ohjauksessa

Tiede suhtautuu ymmärrettävän penseästi uskontoihin, mutta samalla se on toisaalta täysin perustellussa antipatiassaan sulkenut tien kosmoksen arkkitehdin havainnolta. Antipatia säätää mielipiteitä myös tieteessä ja se on muodostunut omasta uskonlaadustaan.

Kuolleiden rakennusosien virallinen pinta

Nyanssitajuton ja oivallusälyn kieltämiseen perustuva tutkimustapa, rakentaa palapeliä kuvapuoli alaspäin. Suuri osa paloista on vieläpä suljettu avaamiskyvyttömyyden ja haluttomuuden laatikkoon. "Mutta ei se mitään: näissäkin tuntuu olevan haastetta aivan tarpeeksi ja näemme varmaan lopulta mahdottomuuden taakse."

Sektoroitunut asiantuntijausko ja väärä luottamus

Asiantuntijoiden osittuneisuudesta ei koota kokonaista maailmankuvaa, koska kokonaisnäkemys puuttuu. Tarvitsemme palapelin yhteenkasaajia. Tämä vaatii *herkkyyttä.* Oikeanlainen herkkyys puolestaan vaatii hyvettä ja itsetuntemusta, sillä pelkkä kuolleiden laajojen tietojen *muistamisprosessi,* tai matemaattisluonteinen äly ei riitä. Kun joku tätä valtavirran liian ahtaan ja mihinkään johtamattoman ympyrän ulkopuolelta rohkenee yrittää, osittuneet asiantuntijat tökkivät häntä vallansäilyttämisinnossaan ylenkatseen miekalla.

Väärä määrittäjä ja arvostusvallan väline

Voidaanko todistaa, että falsifioitavuusmetodi kattaa kaikki elämänilmiöt. Jos ei, se on pelkkä dogmi joka maalaa todellisuudesta osittuneen ja omaa valtaansa vahvistavan kuvan. "Edes jotain". Ja: "Riittävä sekin", sanoo joku, tuntematta muuntuman ja arvottumisen vinouttamaa voimaa.

Herkkyyden, ei sopimisen tuottama

Sen ymmärtäminen mistä todella puhutaan on filosofian todellinen ydin. Käsitetäsmentämistä vaativat eivät ymmärrä olevansa jo valmiiksi ulkopuolella.

Saivartelun kultainen aikakausi

Mistä tahansa voi sanoa lähes mistä tahansa, kun valitsee *väärät painotukset*. Tämä ei kuitenkaan edusta totuutta: Keinotekoisen ja *muokatun* vastaväittämisen välineekseen varustanut edustaa tiedon sijaan yleensä *egon valtaa*. Kun nyansseja *ei saa* ymmärtää, syntyy baabelin hämmennys, jossa vallitsee materiauskon ylittämätön raja. Syvällisen tunneälyn (joka versoo onnistuneesta epäitsekkäästä elämäntavasta) ei tietenkään pitäisi olla kiellettyjen listalla. *Tunteettomuuden metodinen vaatimus* on yksinkertaisesti typistävä ja väärä. Syvällisten ideoiden usein kohtaamat ymmärtämishaluttomien mutuilusyytökset ovat usein pelkkää vallankäyttöä ja egonkohotusta, jotka elävän auktoriteettiuskon kaikenkattavan sateenvarjon alla.

Näivettävä suunta

Tiede tarvitsee enemmän "Einsteinmäistä" vapaata alkupohdiskelua, sillä: "ensin tehdään koe ja sitten vasta ajatellaan ideologia" on yksinään turmiollinen jäykistäjä ja sitä tehdään aivan liikaa – vaikka sille paikkansa onkin.

"Suu kiinni ja laske" asenne johtaa vasemman aivopuoliskon ylikallistumaan ja *rivien väliin kirjoitetun viitteenomaisuuden havaintokyky heikkenee*. Kun tämä ajattelumaailma siirtyy koulun rakenteisiin, se suoltaa markkinoille kokonaisuuden hukkaajia ja *nyanssittomien* yksityiskohtien korostajia ja lopulta ajattelemattomuudesta ollaan jopa ylpeitä. Näin mutuilusyytökset ja todistettavuusfaktaylpeilypuheen joukot kasvavat.

22

Puoliröyhkeän itsetietoisuuden aikakausi

Maine, arvostus, kunnia ja hyviin seurapiireihin kuuluminen tappavat syvätotuudentajun ja tekevät elämästä sosiaalista hierarkiapeliä, jolla keinotekoista näennäisarvoa mitataan. Päättäviin elimiin ja totuudensanelupaikoille nousee usein kovimmat henkiset kyynärpäät omaava...

Keinotekoisen ylitarkentamisen muuntava voima

Viitteenomaisesti käsitettävissäolevaa syvyyttä ei voi siirtää pintaperustelujen maailmaan, koska perustelu ei kykenen poimimaan asiasta kuin *pintakerroksen*, hienojen nyanssien jäädessä huomiotta ja vaikuttamatta. Kieli on puutteellinen, älyn syvyys ja mahdollisuudet ovat paljon suuremmat. *Ydin* ei ole siirrettävissä, vaan sanalliseen muotoon laatiminen ja tarkentaminen kadottaa ja muuttaa painotuksia: Se mikä tarkennettaessa saavutetaan toisaalla, menetetään toisaalla. Näin lapsi tulee heitetyksi ulos pesuveden mukana. Tämä on todellisuuden luonne. Todellisuutta ei voi kartoittaa pelkästään aistijatkeiden ja ajattelun mahdollisuuksiin verrattuna jähmeän objektiivisuuteen sidotun puheen avulla.

Herkkyydellä tavoitettava syvälogiikka ei kuitenkaan ole epäloogista uskoa, päinvastoin. Kun ajattelun suunta ja potentiaali käännetään ulkoisista kohteista sisäänpäin: *mielen tutkimiseen*, tämä syvyys voi alkaa avautua. Siitä avautuu *subjektiivinen tiede*, joka tulisi lopulta voida liittää loistavasti kehittyneen objektiivisen tieteen kylkeen. Sen lainalaisuudet ovat omansa, mutta edelleen loogiset, ilman irrationaalisuuden häivääkään. Se on tie, joka kykenee subjektiivisesti vastaamaan elämän suuriin kysymyksiin, mutta objektiivisiin todisteisiin se ei taivu. Tämä ei tietenkään tarkoita että sitä ei ole olemassa, kuten jotkut metodiuskossaan yksioikoisesti ajattelevat.

Progressiivisesti vaikeutuva painotussuuntaliukuma

Muistelu täyttää ajattelun tilaa aivan liiaksi ja *viisaiden* tieteentekijöiden sijaan syntyy *oppineita* tieteentekijöitä. Tämän seurauksena kyseisestä maailmatutkijasta tulee enemmän insinööri, kuin filosofi. Filosofeja ei aikakauden vinoetenemäsyystä enää myöskään arvosteta, vaan heitä pidetään haihattelevina muinaisjäänteinä, jotka eivät luo täsmällisiä ja pinnalliskäsitteelliseen muotoon väännettyjä faktoja.

Samalla kun filosofia on rappeutunut aikakauden itsekkyyden myrkyllä, filosofeista on vaivihkaisen näkökulmasiirtymän vuoksi tullut "niin ja ehkä näinkin" automaatteja. Heidän hylättyyn syvänäköönsä ei voi enää luottaa ja he ovat siksi rehellisiä, etteivät luota siihen itsekään. Yksinkertaiseen pohdiskelevaan elämäntapaan ja totuudelliseen toimintaan pyrkivän elämän ovat korvanneet, asema, vauraus ja *ulkomuistifilosofointi*. Filosofisista kysymyksistä on tullut kulmittaisia kappaleita ja vasemman aivopuoliskon kallistuma on johtanut kummallisiin, epäolennaisiin pohdintoihin, jossa suurta eroteta pienestä ja todellista tietoa saivartelusta. Syväperustelujen vastaanottoherkkyyden kadottua, pintaperusteluvaatimus muodostaa valjun yhteiskunnallisen materialismin suunnan, joka katsoo maailmaa ulkopuolelta, kuten veljensä tiede sanattomasti vaatii. On syntynyt pelkkien luettelosofistien luokka, joka ei menettämisenpelossaan uskalla (tai ymmärrä) keikuttaa vallitsevan jähmeän suunnan venettä. Jos joku tätä tekee, se on havaittavissa yleensä erikoisuudentavoittelun juuresta syntyneeksi egonkohottamismotiiviksi, eivätkä totuus ja ego voi versoa samasta oksasta, sillä jälkimmäinen likaa ja vääristää suunnan ja muuttaa "hienot ideat" mielivaltaisiksi heitoiksi, joita puolustellaan tyhjällä monimutkaisuudella.

Eroon ihmisatomipilven itsestäänylläpitymissattumauskosta

Tutkimme äärimäisen viisaita Jumalallisia prosesseja, emme sattumasyntyistä ja mystisesti *tarkoituksenmukaisissa muodoissa ylläpitäytyvää* monitasoista elonkehää ja sokeasti rakentuvia ja reagoivia evoluutiomuotoja.

Opitun omaksumisen ja oivallustavan tilannekatsausmittari

Jotkut näyttävät edelleen uskovan, että alussa mainittumiljoona kirjainta sisältävä säkki järjestyy itsestään kirjaksi, kun sitä riittävästi ravistellaan.

"Niin nyt vain näyttää käyvän", kelpaa riittäväksi selitykseksi, eikä mahdottomaksi käynyttä, puutunutta ajatteluprosessia kyetä edelleenkään katsomaan ulkoa ja todella kyseenalaistamaan.

Muistitieto-opetus ja vasemman aivopuoliskon kallistuma on syynä siihen, että vaikka ihminen katsomalla katsoo, ei silti näe. Tämä on samalla osoitus siitä, että tunneälytypistetty ja nyanssitajuriisuttu luettelomieli keskittyy todellisuuteen eräänlaisen keinotekoisen kierotien avulla, eikä etäisyyden ottaminen onnistu. Väärä täsmällisyys on peittänyt todellisen täsmällisyyden.

Asemalle ja kunnialle 6-0

Ulkoisen mittaustieteen auktoriteetit puolustavat tiedettä osin siksi, että näkevät sen korkean totuusarvon, mutta osin myös siksi, että se antaa heille arvoaseman ja valtaa, josta ovat tiedostamattaan tulleet riippuvaisiksi. Tämä säätelee kritiikin suuntaa. On turha eksyä epäkunnioitusta synnyttävien kysymysten pariin, kun mainetta on kalastettavissa niin monelta arvostetulta suunnalta. Kunnian ja aseman voima on suuri, vaikuttava ja sokaiseva - ja se ohjaa eräänlaisena itsenäisenä globaalimuodostesanelijana kokonaismielipiteen laivan suuntaa - mutta kaiken tämän osuutta on niin helppo vähätellä. Kuka haluaisi yksinäisellä yksilötasolla pudota pois arvostettujen piiristä, nostamalla kosmoksen arkkitehdin mullistavan osuuden esiin? Ei juuri kukaan, vaikka monet eivät kaaosmaailmansyntymän kummallisia ja *kokonaisälyllisesti* vääristyneitä meriselityksiä uskokaan.

Olennaisenhavaitsemispalikan puute

Skeptikolla on loistava kyky olla ottamatta olennaista huomioon. Hän keskittyy mieluummin merkityksettömiin sivuseikkoihin, joita hänen nyanssitajuton mielensä pitää sekä mielivaltaisesti, että vasemman aivopuoliskon ylikallistumisautismisyistä olennaisina. Skeptisin asein maailmaa lähestyvä valikoi, vääristelee ja unohtaa - murskatakseen vihollisensa - ja pysyäkseen uskossaan. Tasapainottelu tiedeisovelin hyväksynnän kaltevalla

25

pinnalla toimii ohjaavana lisäkätenä, vaikka kaikki ei päivänvaloa kestäkään.

Näennäisajattelun korjaustalkootarve

Ajattelumme on nostettava automaattifaktan suoltokoneesta henkilökohtaiseen oivalluskykyyn. *Muistelu ei ole todellista ajattelua* ja se nakertaa olennaisen potentiaalia joka hetki. Usein muistelun kautta saatu kankea täydennys ei todella sovi asiaan, vaan on keinotekoinen ja väärä.

Informaatio- ja ulkoaopetusyhteiskunnan lopputuotos

Järjestelmä tekee usein ihmiselle henkisen lobotomian kahdenkymmenen ikävuoden jälkeen. Aivot eivät kestä painetta, vaan siirtyvät käsitejäädytettyyn muisteluun, opetettuun keinotekoiseen kritisoimismalliin ja tieteelliseen auktoriteettisuskoon, joka vaatii yllättävän paljon oman ajattelun kuolettamista ja sokeaa uskoa: tässä oman oivalluksentarpeen poistavassa sanelussaan se ei juurikaan eroa ansiokkaasti selättämästään uskonnollisesta maailmankuvasta... ja monimutkaisuus omaksumisen siirtopartikkeleissa on omaksuvaa *ilmoitusta* yhtä kaikki.

Tieteellinen usko on tavallaan luottamusta faktoihin ja kun tutkimuskelpoisen sfäärin faktoista tehdään muistitietoja, ne eivät enää johda syvälle, vaan kelpaavat ainoastaan pintatason yhdistelyyn: siihen tosin usein *sarallaan* mainiosti.

Tiede operoi kokonaistodellisuuden kylkeen askartelemassaan pussissa ja sivulle katsominen on metodisesti kiellettyä. Se tutkii nukketeatterin nukkemaailmaa, näkemättä liikuttelevia käsiä, sillä sen ei ole luvallista kysellä avaavia kysymyksiä. Syvälle tieteelliseen kaninkoloon sukeltaminen on jopa johtanut perustavanlaatuisten miksikysymysten vieraina, turhina ja asiaankuulumattomina pitämiseen ja vaikka tiede olettaakin toisinaan tätä kysymyksenasettelua harjoittavansa, se yleensä sekoittaa miten ja miksikysymykset toisiinsa. Näin suunnattoman hienon prosessin *tunteeton tutkiminen* häivyttää taustalla väikkyvän ihmeen havainnon.

"Tieto on keksintö pirun"

Ismo Alanko ymmärsi jotakin hyvin syvää, todetessaan "Olen toki, vain sen tiedän" kappaleessaan: *"Tieto sut huumaa ja vierottaa, estää näkemästä maailmaa. Ja sä tiedät sanat ja tunnet kuvat, muttet tajuu enää jumalaa"* Keinotekoisella, elämän kokonaisuudelle vieraalla tavalla maailmaa lähestyville käy juuri näin ja ihminen liikkuu oppineisuuden ja viisauden välisellä liukukytkinjanalla tavoittamattoman kauas toiseen äärilaitaan. Samalla syntyy eksaktin jäädyttämisen tarve, koska muu on vaivihkaa kadonnut näköpiiristä ja näin kehittynyt uusi näkökulmasidonnainen suunta synnyttää lisää itsensä kaltaista - eikä muun oikeutusta enää nähdä.

Yleistyökalun sanaton soveltamisvelvoite

Tieteellinen tutkimus tapahtuu vasemman aivopuoliskon, osiin jakamisen ja hitaan järjenkäytön ehdoilla. Sama lähestymistapa on omaksuttu jopa filosofiaan ja siksi syntyy ajatuksen hypyn ongelmaton ongelma.

Etääntymisprosessin sumentama

Ilman herkkyyttä ja teoreettisen ajattelumallin alaisuudessa, saattaa *uskoa*, että järjetön sattuma tehtailee jatkuvasti uusia (miljardeja) nivelkuppeja, aivoja, DNA:ta ja evoluutiolakeja. Lisäksi voi unohtaa tämän kysymyksen olennaisuuden ja työntää sen niepplitiedon kanssa samaan, odottavien laariin. Kaikki vastuu työnnetään epämääräisesti selittämättömälle sanalle: *luonto*. Olemme tottuneet siihen että luonto tekee niin ja niin ja vieläpä niinkin, mutta emme saa enää sen havaintoon enää *oikeaa suhdetta* erilaisten keinotekoisten vaatimusten "toiseksi luonnoksi" muuttumisen seurauksena: *Luonnon äärimmäisen viisas kyky tulee kuitenkin itsessään selittää!*

Kaikkein kummallisinta on se, että *omaksumisopillisuuden* sumentamina kyetään edelleen vieläpä väittämään, ettei luonnonprosesseissa ole lainkaan järkeä ja merkitystä, ne vain tapahtuvat... Tämänkaltainenkin herättelevä toteamus nostattaa pelkän vastaväitteenhalun, ei lainkaan suunnan tarkastusta, sillä keinotekoisella *viileydeällä ja toistaiseksi hyvin toimineella tun-*

27

neälyttömyydellä saavutettua maailmankuvaa ja sen rikkoutumisen riskiä ei haluta ottaa ja sen oikeaoppiseen muotoutumiseen *uskotaan* muun – aikaisemmin havaitun - faktisuuden vuoksi vakaasti. Ei ole mukavaa täydentää, vaihtaa tai *laajentaa* – tai varsinkaan myöntää ilmeistä typeryyttään.

Keskeltä johtopäätöksiin

Muinainen myytti maailmanpuusta kuvaa tämän kirjan keskeistä ongelmatiikkaa: *Maailmanpuun juuret ovat alhaalla havaitsemattomissa ja latva yllämme tavoittamattomissa.* Käsillä olevan rungonosan tutkimus ei ratkaise koko ongelmaa, sillä vain syvyyssuunnassa piilevä alku ja loppu voi selittää kokonaisuutta. Aivan kuin meistä näkyisi tässä aisti- ja havaintoulottuvuudessa pelkästään sormen kynsi ja sitä tutkittaisiin innokkaasti, olettaen sen selittävän lopulta kaiken. Ihmisen loistavalla älyllä siitä voi johtaa monia asioita, mutta ne muuttuvat lopulta pelkäsi matematiikan koodikieleksi, josta puuttuu todellisuuden elävä tuntuma.

Väärän tarkennuksen epätarkentava vaikutus

Samalla kun touudenetsintää kaavamaistetaan, tehdään terve tunnenyanssi toimintakyvyttömäksi. Tämän *ohjaavan valinnan* jälkeen syntyy paljon irrallisia painotusvirheitä. Samalla asioita sisältä katsova aito ajattelu kuolee ja se korvataan syvänäköön kykenemättömällä ulkoisella ajattelulla. Kaiken tämän jälkeen todetaan:" Emme voi tietää: meidän on kuljetettava ajatteluamme epäilyn negaation kautta."

Em. ajattelu terästettynä itse synnytetyllä kaiken epäilyllä, estää syvällisen maailmannäkemyksen lopullisesti ja käsiin jää vain materiaalisen maailmanosan seulottu pinta.

Itsesynnytetty näennäisfaktauskonsuunta

Terveen tunteen kunnianhimolla turruttanut ja muuntanut ajattelija siirtyy pois kokonaistarkennuspisteestä ja operoi epäolennaisissakin asioissa tarkasti sillä sivualueella, joka jää jäljelle. Hän harhautuu siksi, että tämä terveestä tunneälystä typistetty malli toimii esim. tekniikan alueella moitteettomasti, jopa loistavasti. *Koska usko sen toimivuuteen on vahva, sen kykyä muilla elämänalueilla ei osata kyseenalaistaa.* Siksi sen luoma kapea katsantokanta riittää ja muuta opitaan keinotekoisesti pitämään turhana.

Yrmeä valtataisteluasetelma

Keskusteluissa ja kohtaamisissa vallitsee usein omituinen "valmiiksi vihainen asenne". Se on synkkä, antamaton, *valtaansa ja arvojaan suojeleva.* Totuus on sille tarkemmin katsottuna sivuseikka, sillä arvovallan säilyttämisriippuvuus on voimakkaampi kiihoke. Se instanssi jolla on valta, sortuu siihen usein huomaamattaan.

Nippeli- ja ytimeenmenemättömyyshaluttomuustutkimuskulttuurin lopputulema

Pikkutarkkuus epäolennaisessa johtaa usein kokonaiskuvan hämärtymiseen.

Miten sitten

Oikeutettu kysymys: Mitä objektiivisen tieteen loistavan tavan lisäksi tulisi tehdä, jotta myös laajemman kokonaishavainnon todellisuudensuunta avautuisi. Oikeinhavaittuun subjektiiviseen syvyyssuuntaan on vain yksi avain. Se on vanha filosofien avain, mutta herättää nykyajan kauas yksilöllisyyteen eriytyneessä mielenlaadussa vähintäänkin kummeksuvaa ylenkatsetta. Rehellisyyden nimissä se on kuitenkin tässä mainittava: Se on oikea rehellinen itsetuntemus, kunnianhimon kautta elämättömyys, mielen puhtaus, yksinkertainen nöyrä elämäntapa, ihmisyyden todellinen kasvu; sanalla sanoen: hyve on syvätiedon portti. *Se asettaa ymmärryksen oikeaan näkökulmaan maailmanilmiöiden kaoottisella kentällä,* mikäli opittu keinotekoinen lähestymistapa ei sitä alitajuisesti estä. Läpäisemätön ongelma on kuitenkin siinä, että objektiiviseen suuntaan kasvaneelle, tämä maailmantotuus on pelkkä naurettava uskomusväite, jonka todenperäisyyttä ei voi

29

pintajärjellä jähmeästi todistaa. Suora kokemus ja siitä avautuva sisäinen aukoton logiikka on kuitenkin todistamista korkeampi laki.

Totuusnaamioitu kunniakenttä

Kun valitsee oikeat ja maailmankuvalleen sopivat tutkimukset, muodostuu – ei totuudenetsimis- vaan oikeassaolemisvaltapeli. Ylenkatsejäännöstutkimussuunnasta ei *oikeasti* ole kiinnostunut juuri kukaan. Ne sankarit jotka siellä operoivat joutuvat sisäpiiriyhteishengenkohotusylenkatseen maalitauluiksi. Tämä ohjaa, paitsi tieteellisen, myös vallitsevan kokonaismaailmankuvan suuntaa. Tieteellinen pelikenttä on tavallaan rakennettu maineen, arvostuksen ja kunnian varaan ja persoonallisista syistä ylenkatseen mahdollisuutta luonnollisesti vältellään. Kyseinen paise asettaa maailmanilmiöihin nähden väärään näkökulmaan, eikä eteen ilmestyneen kulman taakse - ilmeiseen totuuteen - enää nähdä. Kun käytössä on vain klassinen naulojen näkökulmaan sovitettu maailmankuva, kaikki ongelmat näyttävät ratkeavan pelkästään *sillä samalla* vasaralla.

Subjektiivisen objektiivinen subjektivisointiyritys

Tieteellinen lähestymistapa ei kykene tutkimaan "viisauskirjojen" *olennaista* sisältöä, joka loistaa *viitteenomaisena rivien välissä*. Se tutkii yleensä ainoastaan itse kirjallista teosta, sen syntyolosuhteita ja köyhiä ulkopiirteitä, pääsemättä koskaan varsinaiseen asiaan, koska se ei tartu todistettavuuden haravaan. Lisäksi tutkiva, hyvinkoulutettu yhteisö ei tunnista tämänkaltaista kritiikkiä, koska on valmiiksi katetussa *ilmoitustyyppisessä* kirjatietoinnossaan etääntynyt niin kauas syvällisen viisauden olemuksesta. Se kääntää mielestään kaikki kivet, mutta yleensä vain kiertää olennaisuuden puuropataa.

Arvostusvallan totuusnaamioitu uskonsoturi

Halu miellyttää arvostettuja ja älykkäänä pidettyjä, sekä kuulua heidän joukkoonsa, on tieteellistä maailmankuvaa kritiikittä saarnaavan ihmisen

30

suuri ja yleensä tiedostamaton motiivi. Se ylittää selvästi totuuden halun. Samalla voi kahmia itselleen asemia ja kunniaa. Uljaan tieteen pöydältä putoavien arvomurujen tavoittelusta syntyy maailmankuvaamme ohjaava uustekijä: ylimielisten parjaajien pinnallapitävä todistettavuusdogmaväki.

Tutkimussokeutuneiden automaatioprosessiuskomus

Mies näkee kakun, mutta koska leipuria ei näy missään, hän päättelee, että leivontatuote on itsestään muodostunut. Mies päättää tutkia tarkasti kakkua. Hän erittelee sen ainesosia ja antaa niille nimiä. Hän tutkii, miten kakun perimmäiset molekyylit ovat kytkeytyneet toisiinsa. Koska mies tuntee kaiken tämän, hän päätyy mielestään johdonmukaiseen ajatukseen: "Koska *tunnemme muodostumisen prosessin osia,* leipuria ei ole - koska emme häntä tämän maailman olosuhteisiin viritetyillä (sinänsä ihmeellisillä) aisteillamme havaitse." Mies on niin tutkimustapansa turruttama, että hän ei todella havaitse kakun itsestäänsyntymisen mahdollisuutta mahdottomaksi ihmeeksi, vaikka toisin väittääkin. Lisäksi hän uskoo vankasti, että havaintomaailman sisällä tapahtuvaa aistimusjatketiedettä ei yleensäkään pidä kyseenalaistaa ja että mittausten mahdollisuuksien ulkopuolella ei ole mitään - varsinkaan kovin olennaista.

Arkeologisessa symposiumissa vuonna 10 000

"Koska nyt tiedämme, miten tämä maakerroksen alta löytynyt tietokone toimii ja voimme seurata sen prosesseja, tiedämme ettei sitä ole tehnyt kukaan, eikä sen aikaansaamiseen ole tarvittu älyä.

-Onkohan tämän looginen perustelu nyt aivan asiallinen. Minusta jotenkin tuntuu että näillä asioilla ei ole toistensa kanssa mitään tekemistä, eikä niitä voi johtaa toisistaan, sanoi avustava arkeologi.

-Me sanelemme logiikan suunnan, ja vaikka se onkin huonoa, se on totta koska olemme tottuneet niin ajattelemaan ja kaikki nyt niin yleisestikin ajattelevat, totesi kaivausten johtaja vaikutusvaltaisesta puhujanpöntöstään.

31

-No niin se sitten varmaankin on, totesi avustava arkeologi alistuneena, puristaen rypistynyttä päähinettä hikisessä kourassaan ja silmäili häveliäänä pääarkeologin viivasuoraa, itsevarmaa ryhtiä.

– Anteeksi, hän sopersi heikolla äänellä."

Muodostetotuuden ja keinotekoisen kriteerin valvoja

Skeptikko tutkii niin tarkkaan täyttyvätkö tieteelliset kriteerit, että kulkee esillä olevien totuuksien ohi.

Epäilypainottuman varjopuoli

On totta että tieteellisesti ei voida aukottomasti todistaa, että tajunta on olemassa. Tämä kertoo paljon tieteen metodiulottumasta... *Yliviritetty* epäily johtaa monen suunnan *hämärtymiseen*, eikä se siksi voi olla lopullinen totuuteen ohjaaja. Tämän metodin puitteissa ei voi lopullisen aukottomasti todistaa monia elämälle hyvin olennaisia asioita – tai ulostodistaa.

Hyvä esimerkki tästä ilmiöstä on myös salaliittoteorioiden viidakko. *Tieteellinen ajattelutapa* on niiden yllättävä isä. Kaikkea voi aina tieteeltä opitulla ajattelu- ja lähestymistavalla epäillä ja väännellä haluamaansa muotoon, *jos juuretnäkevä syväajattelu on kielletty* – ja mikäli todisteiden saaminen on hankalaa tai mahdotonta. Epäilevä *tunneälytön* vastaväitekulttuuri takoo aukiolevien mahdollisuuksien kentän, sillä terve *pinnanalainen yhdistely* on kielletty. Epäily on luonnollisesti tervettä tiettyyn pisteeseen saakka, mutta ilman syvällenäkökykyä (joka ei ole teknistä, sääntöjäykistettyä ja ulkoluvunomaista, vaan oivallusperäistä), se johtaa lopulta *yksin taivaltaessaan vääristyneelle* kentälle. Epäily ei voi olla ainoa *alkuohjaaja* ja yliepäily on jo uskonto.

Ulosheittäjän jäännöskeinoilla leikattuun maailmankuvaan

Rakkautta ei voi mitata kuin keinotekoisilla mittareilla, joilla ei ole varsinaista tekemistä itse asian kanssa. Unien ytimeen ei pääse aivosähkökäyriä mittaamalla. Onnellisuustiede katsoo mitattaviaan tunneälyttömällä kylmän järjen silmällä ja vääristää osittuneen havaintokenttänsä epätyydyttäväksi näennäisfaktaksi. Rauha, rakkaus, totuus viisaus ja itsetuntemus, eivät näyttäydy kanonisoidun ulkoisen tutkimuksen lähestymiskyvyttömyyden valossa *kovin olennaisina*, koska niistä ei saa todellista otetta, eikä kyselylomake ole itse asia.

Ylipainottuman huomaamaton määräysvaltavinouma

Virallisesta järjestelmästä puuttuu todellinen subjektiivinen tiede, koska eksakti objektiivistamisvelvoite on julistettu ainoaksi mahdolliseksi lähestymistapametodiksi ja kehityssuunnaksi. Subjektiivista ei voi tutkia objektiivisuusvelvoitteen avulla, *mutta se ei tee sitä olemattomaksi* ja sillä on oma logiikkansa, joka on oivallustyön takana. Koska objektiivisuussuunta on kahminut valtainnossaan itselleen liikaa valta-asemia, sen sallitaan lytätä ja vähätellä syvyyttä, jota harva siksi enää erottaa. Kuollut länsimainen näennäisfilosofiakaan ei kykene objektiivisuusvaatimusharhaan hukkumisensa seurauksena korjaamaan tilannetta. Lisäksi se on kadottanut filosofian ytimen jo kauan sitten ja kaavoittuneen siirtotiedon haltijasta on tullut sofistinen kunniavirka.

Tutkimustapavääristymä ja kuolleet mallit

Se joka tutkii pitkään pikkutarkasti sivuseikkoja ja vähemmän tärkeitä asioita, sokeutuu olennaiselle. Se joka uskoo, että nyanssitypistetty malli todella heijastaa elävän elämän olennaisia puolia, menettää loputkin herkkyydestään.

Ne annettiin jo

Pintaperusteluvaatimususko seuraa *rivien välistä lukemiskyvytöntä* (ja halutonta), kuin peräsin venettä. Näin materialistinen maailmankuva vahvistuu. Oivallustaso on looginen, mutta köyhä sanallinen pintaperusteluvaatimus ei siellä enää kunnolla toimi, *jollei kuulijalla ole kykyä tulla perässä kohti hienompia nyansseja.* Jälkimmäinen näkee vain ajatuksen hypyntarpeen, vaikka sitä ei ole: herkkyyden puute on ajatuksen hypyntarpeen muodostaman reiän syy. Logiikan tärkeitä pienosia ei saa hylätä.

Modernin ajan uususkonto

Totuuden sanoja ei yleensä kyetä kuuntelemaan, jos puhujan *maine* ei korreloi yleisen linjan kanssa. Tämä on yleinen jokotaiauktoriteettiuskon muoto. Kääntäen: jos maine on hyvä, faktoiksi naamioidut uskomukset menevät helpommin läpi, jos ne vain kosiskelevat vallitsevaa linjaa ja vahvistavat valtaa pitävien arvostussuuntaa.

Kulma-aivoisuuden muodosteprosessista seuloontunut

Pitkäaikaisen aivojen yksipuolisuusmuokkauksen huomaamaton uhri ei kykene ylittämään itsestään ja sattumalta muodostumisen harhaoppia, ja sokeutuu tämän ainoan vaihtoehdon olennaisille puolille, kykenemättä niitä oikeassa valossa näkemään. Lisäksi hän antaa naiivin kristillisen jumalkuvan ja sen menneisyyden vaikuttaa käsitystensä muodostumiseen antitavalla.

Puolueettomuusmallin huomaamaton sanelu

Jos maailmanlähestymistapa on keinotekoisesti sovittu ja syvällisyyden suhteen mukautumisenestojäykistetty, eikä se sisällä tilannekohtaista syväeläytymiskykyä, siitä tulee vääristynyt, vain pintaan ulottuva ja konemainen.

Mielen käsityskyvyn suunnattomasti ylittävä hienous

Älyn olemassaolo "luonnonjärjestelmissä" on herkkyyteen kykenevälle mielelle itsessään aukoton todiste. Varsinkin kun tuo äly on luonteeltaan käsittämättömän viisasta ja laaja-alaista. Se että älyä on, johtaa meidät kahteen mahdollisuuteen:

1. Suunnattoman älykäs yhteenliittyminen ja kokoonpano on itsessään todiste taustalla piilevästä *luovasta* ja *ylläpitävästä* älykkyydestä.

2. Suunnattomat, monitasoiset, viisaat ja tarkoituksenmukaiset rakenteet ja järjestelmät ovat itsestään ja sattumalta muodostuneita.

Valitettavasti ensimmäinen vaihtoehto ei sano mitään *keinotekoisiin ajattelumalleihin* totutetulle, joten hän tulee valinneeksi jälkimmäisen uskomuksen, lisäten sen kylkeen mielikuvituksellisia teorioita pitkä ajan atomitörmäilyjen kuvitellusta kyvystä järjestää sisäkkäiset rakenteet suunnattoman hienoksi ja *pysyväksi* elonkehäksi. Jälkimmäiseen uskotaan myös tieteellisen kunniaglooriapiiriin kuulumisenhalusta, koska ei haluta keikuttaa faktisen tieteen kylkeen kehittyneiden ateististen uskomusten venettä.

Jos perustassa on jokin vinossa, koko rakennelma on kuitenkin tavallaan kalteva torni: Olennaisten kysymysten näkökulmasidonnaisuuden kehittämä havaintokyvyttömyys ei voi olla puolustus.

Paradoksiin verhoutunut alkuperä

Äly ja tietoisuus ovat universumin ominaisuuksia, sillä kaikkia mahdollisuuksia loputtomasti sisältävässä äärettömyydessä täytyy olla kohta, jossa kaikki on juuri oikeassa kombinaatiossa keskenään, jotta pysyvä ja itseään säätelemäänkykenevä *tietoisuus* voi "syntyä", olla. Tämä ihmisen aistimiskyvyltä *suurimmaksi osaksi* piiloon verhottu mysteeri voi järjestää monimutkaisia muotoja, sillä sokea *materia* ei voi niihin hakeutua *tai niissä pysyä*, vaikka aikaa ja tilaa olisi loputtomasti, sillä pelkässä kaaoksessa pienet sisäkkäiset rakenteet hajoavat ja niiden osaset liikkuvat kaoottisiin suuntiin. Siksi olennaista ei ole materia, tai edes järkevä laki, vaan niiden *muodostaja*, säätäjä ja kokonaisuuden hallitsija. Tämä *universumin ominaisuus* ja täydellisyys luo ajoittain lukuisiin havaintoulottuvuuksiin alempia olemisen tiloja ja moninaisuutta, joiden näkökulma on se, että ne eivät voi tunnistaa alkuperänsä paradoksia joka on verhoutunut lähestymismahdottomuuden hämärään. Alkuperäinen ja vähentymätön voidaan kokea ainoastaan *subjektiivisena tajunnantilana*. Ihmisen muodostetulle ehtojärjelle se näyttäytyy vain ensimmäisen luojan paradoksina – alkuperäisen Absoluutin tahdosta...

Objektiivisuusvaatimukseen ajautunut todistelutarvetietosuuntaus ei tunnista olemassaolon subjektiivista ydintä, vaan yrittää parhaimmillaankin ratkaista alkuperän pakenevaa luonnetta sen itsensä tuottamilla asioilla. Silmä ei voi kuitenkaan nähdä itseään suoraan.

Ikuinen puolusteluomaetuvalhevitsaus

On naiivia kreationismia, tiedeuskoa ja "todellista kreationismia". Tiedeuskovat käyttävät jälkimmäistä arvottavaa käsitettä yleislyömäaseena vähättelyn ja liioittelun keinoin, haluamatta eritellä uskonnollista ja oivallustieteellistä kreationismia toisistaan. Kun kaikki halutaan niputtaa saman käsitteen alle, käytetään kyseistä sanaa todellisuudessa harhaanjohtimena oman tieteellisen epävarmuuden ja perustassa piilevän heikkouden peittämiseksi. Siksi tälle puheelle on hyvä kehittää vastatermi, joka kuvaa pelkistetyn ytimekkäästi sen luomaa vääristynyttä tilaa. Sanapari vois olla vaikkapa: *tarkoitushakuinen vääristelypuhe*.

Todellisessa totuutta kohti etenevässä tieteessä tällainen puolueellinen valheasenne tulee tietenkin tiedostaa ja ylittää, vaikka se onkin hienovaraista toimintaa, sekä käsitedogmaattisen tieteen keinotekoisesti sovitun totuusharavan reuna-alueella - ja on siksi helposti vähäteltävissä. Metodin kehittämä rivienvälihavaintokyvyttömyys ei kuitenkaan voi olla puolustus.

Havaintoherkkyyden kadon tragedia

Suolatoleranssi kuvaa subjektiivisen havaintoherkkyyden menettämisen tilannetta: Kun suolaa lisätään ruokaan vähitellen yhä enemmän ja enemmän, syntyy *huomaamatta* tilanne, jossa ruuan herkempiä makuja ei enää sen alta tunnisteta (ja suolan vähentäminen myös aikaansaa perusteettoman suolattomuuden aistimuksen). Samalla tavalla herkemmät terveet tunnenyanssit hukkuvat kunnianhimolla ja alemmilla haluilla täytetyn mielenkoostumuksen porinaan. Näin loogiseen yhdistelyyn käytettävää materiaalia on liian vähän, se on vaillinaista ja sen keskinäiset suhteet ovat vääristyneet: todellisuuden kartoitukseen jää reikiä, kun pelkästään *suur-*

seulotuista faktoista kootaan maailmanpalapelin karkeat yhdistelykappaleet. Samalla syntyy otolliset olosuhteet irratioanaalisille uskonnoille jotka väittävät subjektiivisuuden nimissä mitä tahansa.

Vallitsevaan näkemykseen sovitetun selitysmalliarsenaalin jatkovinoevoluutio

Kun ajattelun valtavirraksi on *lähtökohtien ohjaamana* vähitellen muokkautunut se vakaumuksellinen usko, että materialistinen maailmankuva on ainoa oikea, suunnitellaan kokeet sitä puolustavaksi ja teoriat siihen johtavaksi ja sen tarjoamalta kapealta perustalta tapahtuviksi. Lopputulemaan pääsy tavallaan ohjaa ajattelua, eivät puhtaat maailmantapahtumat ja korkeampi puhdistettu logiikka. Lisäksi näin käytetty sääntömäärätty ja kohteeseenjohtava logiikka saa perustansa, paitsi aidosta, myös *oletusmaterialismista*: Vallitsevaan tutkimussuunnan piiriin kuuluvat väärät materialistiset tulkinnat vaikuttavat *uusien* virheellisten johtopäätösten syntymiseen ja *näin itse materia vahvistaa yhä enemmän, ettei henkeä ole.*

On kehittynyt materialistisen ajattelun automaatiojärjestelmiä, jotka työntävät ensimmäiseksi henkisen näkökulman ulos ja selittävät ilmiön sen totunnaiseen materialistiseen ajatteluun ja näkökulmaan sovittaen. Tuo sovittaminen vaikuttaa uskottavalta niiden silmissä, jotka ovat *tottuneet* opetettuun, yhteiskunnallisen aivopesun kaltaiseen maailmankuvaansa ja siksi siihen uskovat. Ne vahvisteet, joiden varaan materialistinen maailmanselitys on rakennettu, ovat toisinaan pelkkiä oletuksia ja selityksiä, jotka lepäävät aikaisemman - eri tekijöiden muovaaman - maailmankuvaoletuksen päällä. Eivätkä nuo tekijät aina täytä totuuden tunnusmerkkejä.

Kaikkein traagisinta tässä on kuitenkin se, että osittuneen tutkimustapansa seurauksena materian rajalle pysähtyvä tiede *on tunnistettavissa ympärillämme vallitsevan materialistisen elämäntavan äidiksi,* eikä se ole onnen tie - vaikka siltä mielihyvään turtuneista mielistämme käsin usein näyttääkin, sillä sen tarjoama euforinen onni muuttuu ajan ahjossa pelkäksi epäherkkyyden kasvaimen sisältämäksi valjuksi helpotukseksi.

37

Metodidogmin seitsenpäinen lohikäärme

Tieteellinen tutkimustapa kysyy tietynlaisia kysymyksiä ja ratkaisee niitä tietyllä tavalla. Se on sokea piirinsä ulkopuoliselle. Tiede ei halua *todella* kyseenalaistaa järjestelmäänsä. Sen askartelema maailmankuva on hieno, mutta *metodin valikoima*. Osittuminen aikaansaa lisää osittumista ja metodin sisään eksymistä. Syväperuste ei ole tiedemetodille peruste, koska havaintoherkkyyttä ei ole, eikä sitä voi mitata. Syväperuste kyseenalaistetaan keinotekoisen ja objektiivisesti pinnallisen argumentointivaatimuksen typistävällä voimalla.

Maailmankuvastamme puuttuu syvyys; vaikka kaikki vaikuttaa asialliselta. Kolmasosa tähdistä on pudonnut maahan ja pätemistarpeesta kyseenalaistavat saivartelijat kasvattavat uuden mutta keinotekoisen pään totuuden miekan katkaisukohtiin... Kaikki tämä siksi, että syvälle eteneminen on metodisesti kielletty.

Kaksi rotua ja järjestelmän hukkaama syvyys

Oivaltajan, eli oivaltamisen tavalla maailmaa lähestyvän tunnistaa siitä, että hänelle ei tarvitse täsmentää, hän ymmärtää tarkoitetun helposti pienimmästäkin viitteestä. Skeptismin suuntaan ajautunut ja omaksutun tiedon juurettomaan ja ulkoa asetettuun laatuun tottunut on puolestaan jäykkä täsmentämistä ja käsitepönkitystä tarvitseva muisteluajattelija, jonka maailmanhahmotustapa on yleensä kallellaan yksipuolisen matemaattisluonteisen kaavamaisuuspelastusrenkaan suuntaan. Varsinainen ongelma on siinä, että viimeksi mainitut eivät yleensä lue saatikka ymmärrä rivien väliin piilotettuja esityksiä. Jos lukevat, esitys näyttäytyy heille epätäsmällisenä haihatteluna ilman todistettavuuskelpoisuutta. Kyseiset ihmiset kuuluvat niihin, jotka saarnaavat tieteen ylivertaisen ja ainoan metodin välttämättömyyden puolesta, ja koska he näkevät maailman kurinalaisen tiukasti oman lähestymistapalinssinsä läpi, arvottavat muiden maailmanhavaitsemistapaa väärin. He tulevat asettaneeksi oivaltajat ja huuhaaistit samaan lokeroon. Näin syntyy syvyysulottuvuuden puute ja osittunut näennäisasiallinen puusilmäkriittisyys hallitsee maailmaa - eikä pinnallistavalle täsmentämistarpeelle näy loppua. Subjektiivista syväoivallusta siirretään pakonomaisesti objektiivisen yliepäilyn katselukulmaan ja lopputulema on sen mukainen.

Ego-ohjattu totuudenmuunteluharrastus

Kyseenalaistaminen on usein tarkemmin katsottuna pätemistä. Totuuden jälkeisenä aikana on mahdollisuus antaa sivuseikalle ja *väärälle keskinäiselle painotukselle* keinotekoinen, mutta olennaiseksi naamioitu painoarvo. Aina voi myös vallalla olevan sovitun teesin mukaisesti *kieltäytyä syväajattelusta*, silloinkin kun se on ainoa mahdollisuus ja vedota todistamattomuuteen. Näin voi kerätä pätemisen irtopisteitä ja arvovaltaa myöhempiä koitoksiksi koettuja tilanteita varten. Samalla syntyy oikeassaolemisen himo, jota tuetaan lopulta jatkuvalla vääntelyllä.

Automaattisuoltoharha ja syvyyden likinäkö

Liiallinen suhteellinen muistelutiedon osuus aivojen kovalevyllä rajoittaa tilanneimprovisointikykyä, luovaa ajattelua, päättelysidonnaista toimintakykyä ja hyveen avaavaa voimaa, sillä merkityssovittu jäykistää ja synnyttää väärän tarkennuspisteen. Jos muut olemuspuolet laahaavat jäljessä, faktatietovarastosta tulee rasite. Ihmistä on kehitettävä kokonaisvaltaisesti.

Metodierehdyksen rajaava suuntaaja

Syvyyssuuntaan terveesti edennyt nyanssiherkkätuntoisuus on eräänlainen lisäaisti mutta tiede taistelee tietämättään sitä vastaan. *Tunteentypistämisvelvoite* tuottaa laatunsa mukaisen maailmankuvan. Siitä on materialismi tehty.

Väärin painottuneen olemuspuolikombinaation seuraus

"Sydän" on älyn valo. Ilman sitä yksinäinen ja outoihin painotuksiin ajautuva järki ei näe pimeässä, vaan joutuu tyytymään hapuiluun ja varmistetun tiedon osittuneeseen maailmankuvaan. Siksi Platon lausui kuuluisat sananksa: "Hyve on tietoa." "Hyve" on sydämen keskus. Vaara on kuitenkin olemassa: ilman kestävää itsetuntemusta tämä oikeaan havaintonäkökulmaan kehittyminen muuttuu pelkiksi uskonnollisiksi oletuksiksi.

Lisäsuuntaetenemäkierre

Tieteen metodi varoo huolellisesti eksymästä syvätiedon suuntaan. Se ei tartu viitteenomaiseen syvyysjohdannaiseen ja kieltää muitakin sinne menemästä. Pinnallapysymisen rautainen ja vakuuttava maailmankuva saa lisää seuraajia, eikä esiinsiinnyt mutuilusyytös ja faktaylpeyspuhe päästä elämän syvyyttä esiin. Tämän suunnan vahvistama ja lisävinouttava materialistinen elämäntapa takoo lopulliset syväsokeuden esteet.

Päättelymerkitysvajevaikutus

Tekstin lukeminen oivaltavasti (oivallustieto) on tehnyt tilaa ja kohtalokkaan myönnytyksen informatiiviselle tekstin lukemiselle (siirtotiedolle). Eräät sen juuret ovat yllättävässä paikassa: kansojen liikkumisessa: Kehittyneet mahtimaat, joilla on ollut paljon mielipideilmaston saneluvaltaa, ovat sijainneet kansojen liikkumisen solmukohdissa. Kyseisten kansojen kieleen on aikojen saatossa sekoittunut paljon vieraita aineksia, joilla ei ole *suoraa merkitystä,* vaan ne tulee "ulkomuistitietää", koska kyseessä on vierassana. Tämänkaltainen abstrakti toiminta hämmentää mielen suoraa ja luonnollista ymmärtämisen tapaa ja tuo sen prosessiin kuolleen elementin.

Oma lukunsa on tämän suunnan jatkokehitys käsitesovittuine sivistyssanoineen. Niillä ei ole suoraa *pääteltävissäolevaa* merkitystä, vaan kielestä on tullut eräänlainen baabelin hämmenys - joka tarjoaa myös syvätajua näivettävää pätemisen väylää tämän terminologian hallitsijalle. Tämänkaltaisten nyansseja poisleikkaavien tietojen opettelu nuorella iällä on haitallista syväymmärryskyvylle, eikä sitä pitäisi tehdä, sillä se on toistavan teoreetikon kohtu ja polttoaine.

40

Kaikki tämänkaltainen *alkuperästä liian kauas eriytyminen* pinnallistaa jo yksinäänkin ymmärtämisen tapaa. Samalla on kehittynyt kuitenkin kokonainen vahva väärän tiedon kulttuuri, jossa *sovitut termit* sotketaan tietoon täysin automaattisesti ja *siksi koulussa alleviivataan käsitemerkityksiä, ei syvyyttä.*

Syvähavaintoheikentävä ylipainotusvirtauma

Kun herkälle tunneaistimiselle kuuluva tajunnansisäinen energiasäiliö on maineen motivoimana tullut otetuksi kuivan järjen käyttöön, seurauksena on luovuustypistettyä pinta-asiapuhetta ja ajattelua, joka ei yllä syvyyteen, vaan operoi muistelutiedossa ja sen yhdistelmissä. Sama tilanne syntyy, mikäli tunne-energia on karkeaa, eli riippuvuuksia on paljon ja se on siksi epäherkkää ja vääristynyttä.

Pahin tilanne on silloin, kun nämä molemmat vallitsevat. Tämä on hedonistisessa ajassamme myös valitettavasti vallitseva tila. Siksi emme tunne subjektiivista tiedontietä, joka avaisi nyt katveeseen jäävän maailmanosan, vaan objektiivista toistettavaa pintatäsmällisyyttä vaativat saavat puheelleen näennäisen, mainittuun ehtoon perustuvan oikeutuksen.

Rajatun kentän huomaamaton ohjaus

Perusteetonta epäilyä pidetään usein hyveenä ja se on monille jopa ylpeyden aihe. Usein epäilyn perusteet ovat myös kotoisin materialistisesta osamaailmankuvasta ja sanelevat siksi väärää suuntaa.

Isovelimanipulaatio-orjuus ja etumielihyvätiedon epidemia

Aikamme tiedotusvälinekuplan ja pintaperusteskeptiseen suuntaan ohjatun Wikipedian tarjonta ja ilmaisutapa tukee ja vahvistaa tietyillä alueilla tieteellisiä uskonkäsityksiä ja sen osamaailmankuvaa. Toisen käden tietoon nojaavia, syvyydelle ilkkuvia kieltäjiä syntyy sen myötä jatkuvasti lisää. He valitsevat käsityksensä yleisestä asenneilmapiiristä koska sitä on tarjolla ja jotta kuuluisivat etuoikeutettujen oikeassaolijoiden laajaan joukkoon. Kaukana on oman puolueettoman ja ensikäden tietoon henkilökohtaisesti perehtyvän ajattelun aikakausi.

Tiedon valepuku ja välinemerkitysvinouma

Sovitut tiedot eivät usein ole onnellisuuden ja ydintotuudenkaan näkökulmasta kovin olennaisia. Niillä on kulttuurissamme ylisuuri merkitys. Ne painottuvat liikaa ja esiintyvät monien mielissä tietona.

Uususkon saarnamiesten hurmio välinepintatietoalueen saavutuksista

Tiede on hieno asia, mutta jos siitä ei löydä mitään kritisoitavaa on uskossa, tai kärsii automatisoituneesta veliverkostolojaliteettipuolustusasenteesta. On naiivia tiedeuskoa olettaa, että kaikki tieteessä toimii ilman kähmintää, äänekkäimmän ryhmän, tai arvostetuimman henkilön vaikutusvaltaa ja vuosikymmenten saatossa rakentuneita valtarakenne ja arvostussuuntablokkeja, jotka vääristävät kokonaiskenttää.

Tiede on myös huomaamattaan oman käsitystapasuuntansa vanki, sillä todistettavissaoleva suunta luo lisää uutta ja samanlaista, muun vaipuessa tunnistamattomaan oppositioon yhä syvemmälle. Yleensä tämä "muu" sijaitsee subjektiivisessa syvyyssuunnassa, joka on kirjoitettu rivien väleihin eikä keinotekoisten objektiivisuusvaatimusten talutusnuorassa oleva nykyfilosofiakaan voi sitä tavoittaa. Vastaväitteenhalun herättämät eivät halua ymmärtää tässä haettua, vaan heidän kiihkeä kritiikkinsä koskee yleistä ja itsestään selvää – ja he kaipaavat selventäviä esimerkkejä, vaikka se jota asiasta voidaan sanoa, välittyy jo syvätasolla, rivien väleissä.

Aikakauden valheen yhteiskunnalliset vääristämisrakenteet

Meidän tulisi enemmän käyttää sanoja ylitulkinta, tahallinen väärinymmärtäminen ja totuuden muuntelu. Kun tietoisuus valheen hienoviritteisistä ulkopiirteistä lisääntyy, sen yhteisön rakenteisiin piilottama valta vähenee.

Elämme kuitenkin myös liiallisen teoreettisuuden nostattaman jäykän aihetodisteenkaltaisen rautalangastavääntelytarpeen aikaa, joten myös sen väärä valta on kyettävä muuntamaan sille kuuluvaan mittaan. Tämä ongelma on vaikeampi, koska juureton "ulkoaoppineisuus" ja keinotekoinen omaksuminen, jossa ajattelu on ulkoistettu nyanssittomiin yksityiskohtiin hukkuvalle tiedeyhteisön pintakritiikkikeskustelulle, on muodissa. Suoran syvällisyyteen näkemisen puuttuessa olemme korvaavalla, seuraavaksi parhaalla tiellä, mutta suuri pala on kadoksissa elämistämme, eikä sitä voi korvat sokealla uskonnolla.

Faktauskotaistelu

Tarkalleen ottaen se kohta, joka on epätosi ja jota tulisi tarkentaa, on tieteentekijöiden taipumus taistella todistettujen faktojen ulkopuolella olevaa vastaan. Kuten olemme todenneet, todistettavissaoleva fakta ei ole avain *kaikkiin suuntiin*. Kun tieteellinen maailmankuva on jäädyttänyt maailmankuvansa pelkästään todistettuja faktoja ihannoivaksi ja muuta *vastaan taistelevaksi*, se rajaa mahdollisuuksien pelikentän. *Se seisoo kokonaistotuuden kehityksen tiellä.* Se saarnaa aukottomasti varmistetun faktan kaikkialleulottumisuskoaan aggressiivisella paatoksella ja myötäilevistä nousukkaista koostuvat laumat toistavat laupiaana seurakuntana joukkoonkuulumishaluliturgiansa kuuliaasti mumisten.

Valloittamaton ehtosektoroitumalinnoitus

Ulkoisen ajattelutavan edettyä liian pitkälle, mieli menettää kykynsä viitteenomaiseen ymmärryskykyyn: Se alkaa vaatia käsitteiden jäädyttämistä, koska ei enää ymmärrä niiden takana piilevää olennaista muuttumatonta ideaa. Liiallista muistettavaa tietoa ja lueteltua oppia suoltava koulutusjärjestelmä on suurin syyllinen tähän aivopesun kaltaiseen tilaan, jota ei enää tunnisteta. Se on eräänlainen vasemman aivopuoliskon ulkoinen ylikehittymälinnake, joka kouluttaa aivopestäviään *ehtosidonnaisen* maailmanhavainnoinnin suuntaan. Kulttuurievoluution hedelmillä on varjonsa.

Karsinan tiukka vartiointi ja huomaamatta täsmämääritetty lopputulosjohtuma

Koska tieteellinen keskustelu tapahtuu rajatulla kentällä, jolta ei ole pääsyä syvyyssuuntaan, sen vallan haltijoilta puuttuvat samalla laajennetun näkemyksen työkalut ja heistä on huomaamattaan tullut katsantokantansa vankeja.

On syytä pitää mielessä, että myös ns. tieteellinen kriittisyysvaatimus on keinotekoinen uskonkäsitys, joka lakkaa tunnistamasta syvyyttä todistettavuuskriittisyysinnossaan: Se on tiedeuskon käsitykseen ohjaamista. Tämän seurauksena on automaattinen, *näkökulmaoikeutettu* skeptisyys, joka tukeutuu testaamiseen ja sitä ympäröivään järjestävään ajatteluun, muun loistaessa tukahdutetulla poissaolollaan. Tämä suunta synnyttää vähitellen *itseään lisää*, lisäten keinotekoista oikeutuksen tuntua. Jotakin tuntuu puuttuvan, mutta voittajien vankkureiden suoma ylemmyydentunto, torppaa materialismin läpi tunkevan viisauden tuskanhuudon.

Lauma-ajattelun ja tiedonsiirron ongelma

Oivallusta vaativia syväperusteita ei haluta, eikä kyetä seuraamaan, sillä elämme epäherkkyyden ja objektiivisen ylikorostumisen aikaa.

"Fakki-idiotismi" on toinen aikamme hybriseetos ja vakava totuuden terveysuhka. Se kehittyy ulkoisen ajattelun, teoreettisen papukaijamuistiopin ja yksipuolisen erikoistumisen juuresta.

Subjektiivisen tieteen täydellistymä

Mikään tutkimus ei voi koskaan yltää alkusyyhyn, mutta se on oivallettavissa tietoisuudentilana; vieläpä tietoa paremmin - ja ihmistä täysin tyydyttävästi. Tälle subjektiiviselle pyrinnölle tulisi antaa sille kuuluva arvo!

Joku sanoo: "tiede ei tutki subjektiivista syvyyttä. Se ei ole sen tehtävä" Mikäli asia näin rajataan, silloin olisi laajasti tunnustettava se seikka jota tässä yllä on kyllästymiseen saakka käsitelty: tieteen repertuaari ei yllä syvyyssuuntaan, mutta se on ihmiselle olennainen, jopa välttämätön ja sen puuttuminen elämänkentästämme on tavallaan puritaanin tieteen syytä, sillä jos olemme täysin rehellisiä, tiede esiintyy mieluusti kaikkitietävänä instanssina ja julistaa vain kylmän faktan autuaaksitekevää sanomaa, perusteettomasti paisutetun kunniansa saarnastuoleista.

Edellä mainittu on *syvällinen fakta*: On siis totta että tiede antaa mieluusti ja kaikkialla itsestään *sellaisen kuvan*, että se on ainoa tie kokonaiseen maailmankuvaan ja että sen maailmakuva on oikea ja vääristymätön. Mutta koska tätä ei voi tieteen vaatimalla eksaktiudella *todistaa*, sitä voidaan vähätellä, vääristellä ja väännellä. Joku tiedesaavutusten ihannoija saattaa velvollisuudentunnossaan hyvinkin valita sellaisen näkökulman, että voi väittää, että tiede ei suinkaan näin ole sanonut. Juuri tämä on todellisuudessa vääristelyä ja *pinnalle siirtämistä*: pinnalliseen perusteluretoriikkaan vetoamista. Herkkyydellä helposti havaittava totuus on, että tieteen kenttä antaa mieluusti itsestään kaikkeenkykenevän kuvan (ja pelaa omalla kentällään ja itse luoduin säännöin, vaikka ympäröivää olevaista tutkiikin): muun väittäminen on saivartelua, vääristelyä ja tiedekunnian puolustamista – kunnian, jonka piiriin itsekin kuuluu, tai haluaisi kuulua.

Tämä on samalla hyvä esimerkki syväfaktan ja pintafaktan erosta ja selittää, miksi pintaperusteltavuusvaatimus synnyttää maailmankuvan, joka ei ole kokonaisuudessa tosi: Nimittäin: Syvällinen fakta edellisessä esimerkissä on ilmeinen, mutta sitä voi aina kuitenkin *väännellä* pintaperustekulttuurin valta-asemasta käsin, *eikä sitä voi jähmeällä tavalla todistaa*. Ts. liian exakti perustelu tässä häivyttää totuutta, eikä suinkaan kirkasta sitä: jos etenemme yleisestä tunnelmasta yksityiskohtiin, vääristämme samalla jotakin.

Kaikkea ei voi kuitenkaan eräästä toisestakaan syystä syväperustella: Mikäli vastaanottajalta puuttuu (kehittämisen puutteessa) syvähavainnon kyky, tai ei saa sitä käyttää – kuten vallitsevaan dogmaan kuuluu - *syvälooginen yhdistely* käy mahdottomaksi. Arvonsa tunteva "miteninsinööritutkija" ei halua muuttua "miksifilosofitutkijaksi", sillä vaadittava tyydyttävä

45

perustelu on pinnan alla piilossa, eikä syvään päätyyn haluta edes hypätä, sillä vesistön laatu on erilainen kuin mihin ollaan totuttu.

Lauma-ajattelun ja ryhmäkurin eitilattu totuudentorppausmuodoste

Jankutuksen seurauksena on käynenyt selväksi, että älynkäytön sektoroituminen ja seuraamiskyvyttömyys syväasioissa on aikamme ongelma. Aarrehuoneeseen ei kyetä tulemaan, tai halutakaan tulla, mutta silti väitetään, että sen syväolemassaolon todistusvelvollisuus sisääntulopyytäjällä, eikä pintatieteessä viihtyvän tarvitse kiinnostua elämän synnyistä syvistä itse. Ei vaikka joku reittiä tarjoaisi. Todistustaakka ei suinkaan ole väittäjällä, vaan se on yleisinhimillinen tarve - mutta käynnissä onkin väärin painottunut vallankaappaus.

Vajaa häivyttymä

Keinotekoisiin jäädytettyihin ylifaktoihin tottuneet typistävät totuuden etsimisestä usein olennaisen elämän pois.

Auktoriteettiuskolauma

Pintametodiuskoisten syvätotuudenkieltäjien ympärillä häärää aina ensi käden tietoon perehtymättömien hännystelijöiden seurakunta, joka on julkisten totuuksien lopullinen muodostaja. Heille riittää se *jumalallinen ilmoitus*, joka tulee tiedeidoleiden taholta. He ottavat vinonautinnollisesta kuvainraastamisestaan mieluusti kaiken irti ja pönkittävät materialistisen tieteen jalustaa kaikin käytettävissäolevin keinoin.

Keinotekoisen järjestelmän houkutus

Kirjatietojen *omaksuja* alkaa katsoa asioita ulkoapäin, sillä suora havainto on tavallaan kielletty, julistettu mutuiluksi, mitä se kohta onkin. Järjestelmä takoo itseään, mutta tarjolla on oikeassaolon kunniaa, kenties faktoihinluottamissaarnamiehenkin paikka.

Steriilin eristysalueen elämältävierottumissokkelossa

Puhdas tekninen tieteily sulkee helposti kuplaansa ja alkaa vahvistamaan oman näkökulman ylivertaisuusharhaa.

Johdonmukaisuusjähmettymä

"Estä huolellisesti sen väläyksenomaisen älynosan toiminta, joka ymmärtää syväasioita. Ota sitten asiat hitaan ja kankean järjen jonotarkasteluun. Varo huolellisesti oivallusintuition täydentäjää ja sulje se lopullisesti ulos, sillä sivurönsyjen havaintotiet johtavat harhaan." Em. metodi on laajasti käytössä yllättävissäkin paikoissa ja maailmamme sieluntila sen mukainen.

Negaatiolähestymistavan vääristävä luonne

Tänne saakka edennyt, tieteeseen kritiikittä suhtautuva lukija on kiinnittänyt huomiota jo moneen käsitystapansa mukaiseen "selkeään" epäkohtaan, mutta kulkenut välinpitämättömänä ansaitun tiedekritiikin ohi. Perusteluitakin vaaditaan, mutta syväannettuja ei eroteta. Niin suuri on nykyisen uusauktoriteettiuskon valta.

Keinotekoisen kaavalobotomian automaattinen impotenssi

Joku esittää syvällisen totuusoivalluksen. Toinen vaatii lähdetietoja *uskoakseen.* Viitteidensiirtelypasianssi voi johtaa yleisen maailman tiedon lisääntymiseen, mutta määräänsä syvemmälle sen avulla ei voi koskaan porautua. Oivallusherkkyys on ainoa tie. Se on myös kylmän järjen alkuperäinen lähde ja isoveli. Jälkimmäistä ei maailmasta puutu, mutta sitä esiintyy aivan väärässä suhteessa väläyksenomaiseen ja nopeaan oivallustietoon nähden. Kylmä järki on kankeaa, hidasta ja tunnenyanssittomuuden vuoksi erehdysaltistakin. Sen *erehdysalttiuden laatua* ei kuitenkaan tunneta. Syväjärki on kuitenkin paljon enemmän: Ihmisen olemukseen kuuluu, että kaikki syvällinen on jo olemassa hänen tajunnassaan. Tarvitaan vain esiinkaivamisen kykyä. Se suunta on kuitenkin pahasti hukassa nykyisessä kylmän järjen näivettyneessä mutkaisuudenihannointieskaloitumassa.

Virheettömyysvaatimusmahdottomuuden liioiteltu totuudenavauskyky

Virheiden *liiallinen* välttely epätarkentaa ja rajaa toisaalla. Virheettömyyteen keskittyminen on tietenkin tavoite, mutta se on lopulta mahdotonta niin subjektiivisessa, kuin objektiivisessakin tieteessä. Lähdetietojen muodostamisprosessi saattaa olla monin tavoin vääristynyt, niin toki puhdistettu, koeteltu ja kokonaisuuteen sovitettu oivalluskin (nyt emme puhu teorioista, jotka operoivat todistusmahdollisuuden rajatulla kentällä, vaan laajemmasta oivallusmateriaalista), mutta vaikka molemmat ovat alttiita virheille, *filosofisen elämäntavan* tuottama *looginen oivallus* on paljon mainettaan parempi. Se kykenee parsimaan kasaan osiin hajonneen maailmankuvan ja luomaan valoa jäykistyneiden mutkien katvealueisiin, mutta se vaatii subjektiivista syvyysnäkökelpoisuutta. Totuutta ei voi massaistaa joukoille – osittumatta, muuntumatta, rajaamatta ja *muuttumatta eksoteriaksi*. Se että kokonaisen maailmantotuuden tulisi olla kaikille oivallettavissa ja siirrettävissä, on jalo, mutta väärä käsitys: Paitsi älyllisessä vastaanottokyvyssä, myös ihmisten sisäisessä herkkyysuodattimessa on aina eroja. Juuri herkkyys nyansseille saa tiedostamaan ne ajatteluvirheet joita objektiivinen suunta pelkää ja johon se huomaamattaan syyllistyy.

Sektorin ulkopuolisen norsun näkymätön jälki

Metodin orjuuttama ei näe metodinsa ehtopeitosta ilmeistä muodostajaa, vaan vaatii nähdä sen jäljet. Norsulaumaa ei nähdä, mutta sen jättämien jälkien yksityiskohtainen tutkiminen kiinnostaa.

Helpottamisen uskonto.

Tiede luo meille sovelluksillaan monenlaista vaivattomuutta, mukavuutta, helppoutta ja keinotekoista elämää. Tämä on johtanut ajankäytön muuttumiseen ja arkiolemisen vakiintumistason nousemiseen hyvin korkeaksi, tylsistyneeksi – oikeanlaatuisen vastapainon puutteessa. Ihmiselämien laivaa ei kuitenkaan ohjaa viisaudella kukaan ja lähes kaikki pitävät itsestään selvänä, että helppouden ja hetkellisen mielihyvän tuominen elämään, on samalla onnellisuuden tie. Modernin pahoinvoinnin ja tyhjyydentuskan juuret ovat syvällä, ne vahvistavat rakenteitaan ja luovat uutta kulttuurista suuntaa. Tämän yhteiskunnallisesti korkean vakiintumistason alaisena syväpohdiskelun elämäntapa ei toimi, vaan on erityisen altis egon harhatulkinnoille. Eikä se edes jaksa kiinnosta ketään: On niin paljon muutakin säätämistä. Motivaatio hukkuu turhaan.

Nyanssitajuton, keinotekoinen ja jäädytetty lakivalinta

Kaavamainen ajattelu ajautuu ytimennäkemisetääntymässään peukalosääntöihin, massa-ajatteluun ja yksinkertaisimman teorian keinotekoiseen valintamalliin.

Ulkopuoleltakatsojan tunneälytön evoluutio"laki"oletus

On kuin autiomaasta löytynyt supertietokone otettaisiin itsestäänselvyytenä, koska sen sisältä löytyy kaikenlaista, mm. laskutoimituksia, järkeviä lainalaisuuksia ja kuvamateriaalia, jotka selittävät elämää. Kaikkia tietokoneen luomia hienouksia ei vielä edes tunnettaisi, mutta kuitenkin oletettaisiin niissä olevan järkeä, koska muussakin on ollut, ja katsos, niinhän se oli nytkin, emme pettyneet: saimme jälleen hienon selityksen "luonnon" toimille (Luonto se nyt vain toimii hienosti, emme me *sitä* mieti, sillä olemme joutuneet siitä kysymyksestä eroon. Haihattelijat pohtivat sitä, mutta meitä ei saa kutsua osittuneen maailmanselityksen haltijoiksi, sillä tutkimuskykymahdollisuuksien kiusallinen, vaiettu raja ei saa pilata saavutettua mainettamme).

Lisäksi kaikki kuitenkin hyvin ristiriitaisesti toistavat automaattisesti ja *opitusti* jonkun joskus julkilausumaa totuusluuloa, että: "ei siinä toisaalta mitään järkeä ole, se vain tapahtuu vailla merkitystä. Järjettömyys se vain synnyttää suunnatonta järjellistä järjestystä, *jolla on jatkumo*." Järki itse on kuitenkin todistus järjestä ja on kammottavaa, jopa tuhoisaa, että sen merkitystä ei nähdä oikeasta näkökulmasta.

49

Olette selittäneet *sen avulla*, mutta unohtaneet katsantopiirinne köyhyyden vuoksi olennaisen. *Olette hukanneet sen itsensä mahdottomuuden havainnon*, tylsistyneen ja tunneälyttömän havainnoinnin latistavasta syystä ja saatatte *uskoa*, että tyhjiössä toisiinsa törmäilevät partikkelit luovat itsestään pysyvän kauneuden sfäärin.

Näin ulkopuoleltakatsojan ilmoitus-, muistelu- ja auktoriteettiparviäly toimii. Lauma-ajattelun auktoriteettiryhmäkuri synnyttää ja ylläpitää vääristynyttä ajattelua, mutta kaikki hymyilevät tyytyväisinä, sillä olemme löytäneet hienoja asioita ja voimme olla itsestämme ylpeitä. *Me* olemme maailmankaikkeuden korkein järki, eikä ole mukavaa luovuttaa sitä asemaa itsenäiselle kosmiselle älylle.

Hedelmättömän väittelyn loppumaton pelikenttä

Totuutta vääntelevien ja epäterveesti kyseenalaistavien salaliittoteorioiden elinvoimainen olomassaolo todistaa *todistamiskulttuurin* kankeuden ja onttouden. *Erotuskyky* puolestaan on subjektiivisen syvällisyyden ominaisuus, eikä sitä voi mitata. Siksi joitakin inhimillisen kyvykkyyden osia puuttuu ja jähmettävä nyanssittomuus hukkaa maailman selitysosat sittaiseksi kasvaneeseen puurokeitokseen, josta orastaa jopa tuhon ituja.

Perusteluntakainen syvälogiikka

Jo muinaisten egyptiläisten viisaudesta koottu Corpus Hermeticum tiesi, että sanallinen pinnallislooginen perustelu ei yllä olennaiseen ytimeen, vaan pitää tarkastelukulman kaikkialle ulottumattomana. Se viesti myös riviensä välissä, ettei kaaos järjesty muodoksi itsekseen: esitti asian niin kuin pitääkin jotta päätelmän voi tehdä itse:

"Sillä aine, poikani, oli epäjärjestystä, ennen kuin se asettui kehoksi".

"Mikäli oivallat nämä asiat Asklepios, käsität ne tosiksi, mutta ellei sinulla ole syvällisen tiedonomaksumisen kykyä, niitä on vaikea uskoa."

"Perusteltu keskustelu ei johda (kokonais)*totuuteen. Mieli avartuu tiettyyn pisteeseen johdateltuna ja sillä on voimaa löytää keinot päästä perille".*

50

Päästäksemme tarvittavaan syvyyteen, meidän on noustava objektiivisuuden perillejohtamattomassa ympyrässä pyörivästä junasta, katsottava kauan ja kauas subjektiivisen lainalaisuusmeren horisonttiin, maailman hälyn yli - ja kehitettävä syvähavainnon aistijatkeet *filosofisen elämäntavan avulla*.

Objektiiviseen äärilaitaan ajautuneille, sen suuntaan tottuneille ja sen *aivomuokkaustavalle ehdollistuneille* tämä on kuitenkin hulluutta ja epäfaktista haihattelua, johon ei ole edes *aikaa tuhlattavaksi*: kiire ja tehokkuus, on liiallisen objektivoitumikehityksen indiakaattori: ihminen pakenee itseään ollessaan epätasapainotilassa sisäisen ja ulkoisen suhteen. Lääkitsevä rauha on subjektiivisen syvällisyyden tuote. Sen puute aikaansaa myös paljon siitä ohjaavien sairaustilojen sekamelskasta, joka ajassamme vallitsee ja jota lääkitään objektiivisen medikalisaation keinovalikoimalla.

Antipatiavalikointiälttely

Tiedemaailmankuva noudattaa todennäköisyysperiaatetta silloin kun se sille sopii. Kun ei sovi, niin ei. Kaikki muu riittää väkisinmurjotuksi näennäisselitykseksi, paitsi sielullisempi ilmeinen vaihtoehto, kunhan materiausko säilyy. Samoin globaali ja yksilönäkökulmaa vaihdellaan kevyen tunneälyttömästi ja tarkoitushakuisesti, ei sisäistä syvälainalaisuutta noudattaen.

"Kaikki havainnot ovat taivutettavissa materiauskomme tueksi, sen kautta tapahtuviksi. Aivan kaikelle on sisäänkirjoitetun materiauskon mukaan lopulta materialistinen selitys. Muun voi vääntää todennäköisyysperiaatteen mukaan katsantokantaamme, tai unohtaa. Olemme sen niin usein nähneet, että onhan se niin. Vai olemmeko sittenkin muokanneet havaintoja, nähneet ne aikakauden kuolleessa valossa, katsoneet tasoa liian matalalla. Niin... ja pohjalla on kiusallinen itsestään ihmeenomaisesti muodostuminen. Tulisiko sen vaikuttaa ajatteluun? No katsokaamme sitäkin pragmaattisella kuolleella silmällä kuten tähänkin saakka, jotta voimme jatkaa materialistin maailmanunta"

51

Materian itseryhmitys ja yhtäkkiä esiintyvä tajunta

Materia on yksisilmäisessä muodostumisprosessin tutkimuksessa täysin vakuuttava tajunnan synnyttäjä. "Koska tajuntaa kerran on, sen täytyy varmaan jotenkin syntyä materiamuodostekimppujen tuloksena..."

Juuri tästä syystä *pelkän prosessin* havainnointi ei tyydytä filosofista mieltä. Tarvitaan laajennusta, askelta taaksepäin, pois kiihtyneestä ja juuttuneesta sokeudesta. *Puhdistettu ja kaavamaistettu prosessitutkimus* ei avaa syvyyttä. Se ei kysele laajempia kysymyksiä, vain "puolueettoman tunteettomasti" tutkii olevaa kantaaottamatta, olettaen maailmanratkaisun näin aukeavan. Ennen pitkää se ottaa kaiken annettuna, ilman ihmettä, tunneälyttömästi, jäädyttää ja kanonisoi lähestymistapansa, kieltää katsomasta kauempaa... ja kieltää kieltävänsä... auktoriteettiin voit luottaa: Se kertoo: "Vaihtoehtoiset katsantotavat jäävät kanonisointimme ulkopuolelle. On itsestään selvää, että tajunta nousee materiasta. Ei *sitä* tarvitse todistaa, sillä siltähän se selvästi näkökulma-ajautumastamme käsin näyttää. Ympyrämme ulkopuolella ei ole laajempia ympyröitä, jonka sisään kuulumme. Kuuluisa 'kaiken epäilyasenteemme' ei tänne yllä, sillä konkretiamuokattujen asiakysymysten ja sektoriopin venettä ei sovi kaataa *laajemman totuuden* pohdinnoilla."

Maineen viekottelu ja kokonaistotuuden poisluovutus

Lähteiden turhantarkka luettelo on todellisuudessa usein oman onton sivistyksen todistelua. Se on myös oivalluksetonta tiedonsiirtelyä, joka piirtää huomaamattoman rajan syvätiedon ja todistettavissaolevan tiedon väliin. Pinnallistava jäykistäminen ei toimi subjektiivisen tiedon alueella - päinvastoin. Kyseinen keinotekoinen lähestymistapa ulottuu myös vain osaan objektiivisesta elämästä. Siksi on erotettava toisistaan sisäinen ja ulkoinen tiede. Sisäisen käyttövoima on ihmisen monipuolinen kehitys, jossa epäitsekkyyden ihanne ja itsetuntemus johtavat suuntaa. Älkää hukatko todellista humanismia, sillä sillä on enemmän sanottavaa kuin uskoimmekaan.

52

Kertyneen informaation paine

Vakava-asteinen *syvällisen ajattelun* puute on kulttuurievoluution kehittämän tiedonsiirtomaailmankuvan huomaamaton, mutta vakava sivuvaikutus.

Puuttuvan ketjureaktio

Syvyyssuuntaan tapahtuva ajattelu on unohdettu ulkoisen tutkimustenmuistelu"ajattelun" vallattua sille kuuluvan tilan; näin on käynyt paitsi aivojen koostumustasapainon muokkaantumisessa, myös yhteiskunnan rakenteissa. Aivot vastemuokkaantuvat valittuun rummutussuuntaan ja yhteiskunnan vaateet seuraavat perässä. Ihmisten pahoinvointia ihmetellään. Syyllistä ei nähdä. Paine nousee. Keitos kuohuu. Negatiivinen purkautuminen roikkuu ilmassa. Väärän suunnan havainto ei ole enää mahdollinen...

Salakavala ryhmähenkivinouma

Senkaltainen skeptisyys jossa vieritetään esiin selvästi taikauskoisia käsityksiä naurunaiheiksi, mutta kieltäydytään olennaisista kysymyksistä, paeten esimerkiksi todistustaakkakäsitteen taakse (joka sinänsä on dogmi), on uskonnollisen ryhmähengen luomista. "Etsi negaatiota, ei hyvää", on heidän huomaamaton oppinsa ja fokusagenda on muualla kuin siinä missä sen oletetaan olevan. Puoli on jo valittu. *Sille* etsitään todisteita.

Aivot nyt vain tekevät näin

Meidät on opetettu sulattamaan aivoalue- ja tajuntaneuronipuhe, jonka uskonkappaleita hoetaan valtavalla, kyseenalaistamattomalla rintamalla. Laajempaan näkemykseen ei voi nyanssitajuttomassa järjestelmässä sovittaa. *"Silmät kiinni ja sivuille vilkuilematta sinne miltä näyttää tutkimus"* yhdistettynä auktoriteettiuskon siirtohedelmiin, takoo toisinaan (perimmältä ajatukseltaan) kummallisia materiauskomuksia. Tässä ajassa kuitenkin lähes kaikki ovat täsmälleen päinvastaista mieltä: ehdoton idiootti on se, joka ei usko aivojen tai neuronien olevan perimmäinen tajunnanmuodostaja...

Valikointiohjuri

Se mikä ei sovi tieteen kaanoniin todistettavuusongelmien vuoksi, siirretään toistaiseksi syrjään. Tämä vääristää valitsevaa kokonaiskuvaa ja on vinopainotussyistä johtanut vääriin johtopäätöksiin.

Kyynärpääraivaajien rynnäkköjärjestymä

Laajalle näkevä totuusherkkyys ei juurikaan kestä kilpailuhenkisyyttä, valtaa ja kunniaa. Kuitenkin ne joilla on kilpailuhenkinen mieli, valta ja kunnia, sanelevat saarnastuoleistaan totuuden suunnan. Järjestelmä *kvalifoi esiin* tämänkaltaisen ihmistyypin, sillä akateeminen nollasummapeli antaa irtotietohallinnan ja itseensäuskon aivomuokkausluvan (muistitiedon suuntaan) keitoksen pinnalle pyristelleille ja riippuvuus saavutetusta asemasta käynnistää hengästyttävän urakiihkon, jonka auktoriteettiasemista kiistellään akateemisilla kentillä paitsi kylmän pragmaatioälyn voimalla, myös *egokylvön* sanoittamattomin, mutta *herkkyyttä ahmivin* keinoin.

Riittämättömän puhtauden maailmantilaheijastus

Täytyy erottaa toisistaan mielipide ja oivallettu tieto. Oivalletun tiedon kokoelman kerääminen vaatii herkkyyttä puhtautta, itsetuntemusta ja älyä. Viimeisintä ei maailmasta nykyään juuri puutu, *mutta yksinään se kehittää yleensä egoa*, joka puolestaan johtaa viisaus- ja oivallustietokatoon. Tämän jälkeen joudutaan turvautumaan tieteellisen testaamisen rajoitettuun osafaktamaailmankuvaan. Tämä on maailmantilaetenemän järjestys.

Ryhmäytymisen uskonnoksimuodostumistaipumus

Skeptisismissä on usein uskonnollisen hurmoksen piirteitä. Lisäksi käytössä on vain metodin lajittama "puusilmä" ja vasen aivopuolisko. Omaa ajatteluakaan ei yleensä juuri esiinny, vaan muiden skeptikoiden kuulopuheet ja pilkkafokusvalikoidut esimerkit hoitavat kyseisen tehtävän vahvistusharhaa lisäten: Omaa näkemystä pönkitetään helposti ulosselitettävillä ja hassuilla tapausselostuksilla. Kritiikin suunta sikiää ja aloittaa leviämisensä niissä joukkohurmostapahtumissa, joissa samanmielisten saarnamiesten leiriinkuulumishalu ja älyllinen ylpeys ohittavat totuudenhalun. Totuuden seuraaminen on paljon antoisampaa, kuin *skeptisen kriittisyysdogman velvollisuudentuntoinen puolustaminen.*

Tavoittaa loistavasti, mutta hukkaa latistavasti

On muistettava, että asioita jäykän symbolin läpi katsova matematiikka on vierasta todellisuuden *elävyydelle.* Se riistää syventymisprosessinsa yhteydessä runsauden havainnon ja kokonaisuuden hengen, mutta jättää monimutkaisuuden nerokkaan ruumiin. Matematiikka ja sen sovelluspiiri, saavat usein hyväksymään asioita annettuna, *ilman ihmettä*, pelkkänä lainomaisuutena. Matematiikka on maailma sinänsä ja siihen voi uppoutua, ilman alkuperän oivallusta. Elämästä ja todellisesta näkökulmasta etääntynyt, vain ulkopintaa kartoittava matemaattisluonteinen tutkimus on kuitenkin kyettävän täydentämään eloonherättävällä ajattelulla ja ihmeen havainnolla.

Matemaattisen kauneuden olemassaolo on syvällisyyden suunnassa herkälle mielelle jo sinällään todiste korkeamman järjen olemassaolosta. Se ei voi olla "satunnainen laki", vaikka luutunut tottumus ja tieteellinen uskonsuunta näin väittääkin, avaruuden alkuhetkien oikeanlaatuisine ryöpsähdyksineen ja satunnaisine kaaosalkuräjähdyksineen. "Koska näin nyt on, sille tulee löytää syy ilmenneen kosmisen jonon alkupäästä", on ideana vielä kotoisin suppeasta materiansisäisestä ajattelusta: Ei yksityiskohdista alkuun, vaan kokonaisuuksia nähden, ulkopuolelta.

Käänteisen totuuskriteerin luvattu aikakausi

Epäherkkä voi *saivartelun* keinoin kritisoida lähes mitä tahansa ja "vedota" käsitejäykistetyn tiedon *oivallustäydennyskieltoon.* Ei tarvitse seurata syvällistä oivallustietoa, vaikka se olisi ilmeinenkin, vaan voi aina vedota takaisinvetävään yleisen todistettavuuteen (käytännössä sen rajoihin), yleensä vieläpä oman edun, tai voitontavoittelun nimissä. Juuri tämä on nykyvinosuunnan kriittinen piste ja uuden jäädyttävän suunnantarpeen mahdollistaja...

Teoreettisen tiedon valju kaavamaisuus

Oivallusta ei voi siirtää. Se täytyy saada heräämään. Käsittelemme nykyään usein tietoa viisaudesta etäännyttävän *ulkoisrakenteellisesti*, menemättä koskaan olennaiseen asiaan. Saavutetusta materiaalista valitaan väärät palat ja painotukset, vaikka muualla olisi hedelmällisempää. Juuri testauksella, tai väärin tulkituilla tutkimuksilla saavutettu nyanssiton asian kuva, on usein lopputuotos, jossa ei ole henkeä.

Mahdotonta – mutta kenelle

Se mitä tiede pitää mahdottomana tietää, löytyy jo ihmisen syvyydestä. Meidän on vain tehtävä itsemme kykeneväksi vastaanottamaan se ilman vääristymiä. Ego on riisuttava. Itsetuntemus on syvennettävä. Nöyryys on löydettävä. Haluluonnon yläpuolelle on noustava. Maailman turhan hälinän alle peittynyt myötätunnon ja ymmärtämyksen sydän on kehitettävä esiin.

Tarvitsemme kasvatusta hyveen tielle. Nyt suunta on päinvastainen: Koulu takoo kunnian kentillä pärjäämisegoindividualisteja. Kun kilpailun voittaja astuu opinahjon ovesta ulos kylmän järjen ja muistin jättiläisenä – muu vastaavasti surkastuneena – saamme sitä maailmankuvaa, joka ei syvyyttä kaipaa. Uran tyhjät portaat ja kalpea maineentavoittelu täyttävät nuoret mielet jo alkuvaiheessa, sillä vallitseva kulttuuriympäristö ja tarjolla olevat laihat materialistiset koulutustiet muovaavat elämänteiden suunnan rautaisen osittuneisuuden aidatulla kentällä, eikä kukaan enää kaipaa tai ymmärrä ihmisen syvyyttä ja subjektiivisia vastauksia olennaisiin kysymyksiin. Puhumattakaan muinaisesta mysteerien tiestä...

Kokonaistotuutta syövä valta

Tiede on tarpeellinen ylivarmisteluoppeineen. Sitä tarvitaan kipeästi kartoittamaan fyysisen maailman rajan sisäpuolista osaa, näyttämään suuntaa ja antamaan virikkeitä. Osittuneella tieteellä on kuitenkin liikaa valtaa, sillä se julistaa *näkökulmastaan käsin* mikä on oikeaa totuutta ja mikä ei, ja vaikuttaa muiden suuntien kehitystä ehkäisevästi. Tieteen saarnamiehet tarvitsevat puhdistusta totuudenpuolustushaluksi naamioidusta asemariippuvuudestaan.

Pyhäksi julistettu

Monet ovat närkästyneitä. Miksi tiedettä täytyy kritisoida? Maailmassa on niin paljon turhaa, josta se on meidät vapauttanut. Eikö se kuitenkin ole selvästi paras saatavillaoleva maailmankuva, he sanovat. Tiede on hieno asia, ja se kestää helposti kritiikin. Se ei saa kuitenkaan muuttua kaikenkattavaksi uudeksi uskonnolliseksi dogmiksi joka ei sisällä virhesuuntia ja *vajeita*, joita ei saa *oikeasti* kritisoida, ilman että näennäinen mitätöivä lopputulos on jo *valmiiksi olemassa*. Toisin kuin *uskotaan*, tiede *ei* kykene sulattamaan itseensä kaikkia asioita, koska sen tutkimuskyky on vain osaan maailmasta ulottuva. Tarvitsemme täydentäjää, *sen lähestymistapametodin ulkopuolelta*. Eikä se tietenkään ole taide, tai kulttuuri, kuten joskus ontosti esitetään. Se on itsetuntemuksen tie, jota johtavat itsensä tuntevat filosofit, joita ei ole pilattu objektiivisen kolutusaivomuokkauksen ja muistitietomuistelun suuntaan kääntymisen teoreettisella myrkyllä. Tiedot tulee *sulattaa itseensä*. Niitä ei pidä siteerata suoraan ja mukapuolueettomasti, kaavamaisen luettelomaisesti, tunteettoman kuivasti, oivaltamatta. Oppineella ja viisaalla on ero: Nukuttava narina, vai eläväninnostava ilmaisu?

Likinäköisten tiennäyttäjien jumalasema

Joku saattaa olla niin yksipuolisen älynsä harhauttama, että uskoo sokeaan kelloseppään, muttei ymmärrä juuri kelloseppyyden älyn olevan asian olennainen nyanssi, jota ei saa *keinotekoisella viileydellä* ja prosessiin hukkumisella ohittaa. Nämä *itsestäänsyntymisuskon* tunneälyttömät ja piilokiih-keät edistäjät ovat hyvä esimerkki siitä, kuinka ihmisen kokonaisuuden paikaltaannyrjähtäminen ja keinotekoiseen totuudenlähestymistapaan hirttäytyminen voivat voivat helposti *mahdollistaa mahdottoman*. He ovat muokanneet saarnaamansa maailmankuvan henkilökohtaisen jumalallisen arvovallan vastaanottimeksi. He ovat aikamme sankareita, jotka ovat hanakasti, mutta näennäiskursaillen takertuneet avoimeksi retorisoidun kunniapaikan tarjoukseen.

Puolueettomuuden kannaton kanta

Tieteellisen ajattelun tuottama, rakenteisiin ja mieliin pesiytynyt "ulkopuo-lisen kannattoman ajattelun näkökulma" on vaurioittanut havaintoherk-kyyttämme syvyyssuuntaan ja se on levinnyt laajoille alueille. Tämä viileys ei sovi esimerkiksi laadullisesti moraalisiin elämänalueisiin ja siksi tie-deajattelun siittämä valju, vääränlainen hyväksyminen, on hiipinyt ihmi-syyden perustaan.

Totuuden ja vallan taistelu

Vallan lisääntyessä aktivoituu sisäänkylvetty sanaton lupaus puolustaa pyhää tieteellistä *oppia* ainoana oikeana. Totuuden seuraaminen on sitä, että ollaan aina valmiita myöntämään esiinnousseet virheet ja heikkoudet. Oppi taas sitä, että puolustellaan ilmenneitä heikkouksia, niitä itsejään kyseenalaistamatta ja usein oma valta on se vaikutuin, joka perimmiltään määrittää toimintaa. Siksi rautainen itsetuntemus ja periksiantamaton totuuden rakastaminen ovat ne avaimet, jotka avaavat todellisen tiedon osittumattoman portin.

Täsmällisyysaddiktien valintatalo

Pelkää eksaktiutta peräänkuuluttavat eivät tunne maailman luonnetta. Jos esimerkiksi kehonkieltä ei tutkittaisi vakavasti siksi, että se ei toteudu *aina samalla* tavalla, vaan kaikilla ihmisillä on siitä erilaisia variaatioita, asetetaan tutkimustapa todellisuuden edelle. Eksaktius ei ole *kaikilla alueilla* määräävä tekijä, vaan voi johtaa myös harhaan.

Seuraava on toinen esimerkistä irtoava totuus ja sen suunta on tämä: Kun antaa yllä olevan esimerkin, siihen suhtaudutaan kirjaimellisesti, ei viitteenomaisesti. Sellaiseksi on insinöörimäinen maailmanlähestymistapa ympäristömme muodostanut. Siksi joku luulee olevansa oikeassa todetessaan, että tiedehän tutkii ansioituneesti kehonkieltä...

Yksilön tarkennusvastuu ja harvainvalta

"Ei minua kiinnosta kokonaisuus. Se on muiden vastuulla. Hoidan kenttäni, sillä siinä on paljon – ehkä elämän lyhyyden vuoksi liikaakin olennaista työtä ja tutkittavaa. En tallaa muiden professionaalien tontteja: se on tieteen laki" Näin yksittäinen tieteentekijä, tai yliopistomies usein ajattelee. *Siksi* kokonaisuus saa pitää sisällään kummallisia virheajatelmia. Lähes kaikki ottavat *lopulliset* ohjeet lojaalisti epämääräiseltä "ylhäältä"; niiltä vimmaisilta tiedejumalten ääniltä, jotka ovat tien sinne sokeuttavalla kyynärpääkilpailullaan ja kunnianhimoisella luonteellaan raivanneet... Alhaalla olisi potentiaalia, muttei todellista mielipidevaltaa. Miten olisi vallan horjutus? Totuuteen juurtuminen. Aseman riskeeraaminen totuuden alttarille.

Kokonaisuuden täydentämisen valinta

Kuinka on mahdollista että "sattumassa" piilee tarkoituksia, vieläpä suunnaton määrä. Vielä enemmän: niillä on pysyvyys, jatkumo ja *yhteiskudos*: päällekkäisten ja sisäkkäisten "järjestelmien" ylläpitämä olio on *muoto*, joka koostuu myriadeista täsmälleen oikeilla paikoilla sijaitsevista atomeista joiden väleissä on silkkaa ei mitään, ja jonka superyhteiskoostumus ei häiriinny sitä mystisesti hallinnoivan älyolion halusta liikkua harvan atomimuotomaapallon eteerisellä, mutta *aistiemme kiinteäksi* maalaamalla pinnalla.

Kuten olemme monesti todenneet, tiede ei etsi tämänkaltaisten kysymysten vastauksia. Tiede keskittyy toisenlaisiin kysymyksiin. Se on siis osittunut, kuitenkin kaikkeasyleilevää esittäen, muun kieltäen, suunnan sanellen. Tämähän on lopulta melko ilmeistä. *Tämä totuus ei kuitenkaan vielä läpäise ajatteluamme* vaan elämme kaikkitietävyystiedeuskon rajallisten faktojen talutusnuorassa. Mitä siis tehdä? Jatkammeko kuin mitään ei olisi tapahtunutkaan ja odotamme toistaiseksi, että tiede kykenee tunkeutumaan sinne, minne sen metodi ei yllä ja taomme maailmaa lisää uutta kallistunutta ja rautaista arvottomuuden materiaalia, joka ohjaa ihmiselämiä suunnattomaan suuntaansa.

On aika avata täydentäviä suuntia, jotka ovat vapaita uskontojen irrationaalisuuden myrkystä. Jos tiede ei niitä itseensä ota - luonteeseensa vedoten - on perustettava uusi laajennettu tiede, joka sisältää loistavasti kehittyneen objektiivisen suunnan, mutta joka ei *kiellä subjektiivisen syvyyden* mahdollisuuksia, vaan edistää ja tutkii niitä *(niiden ehdoilla)* ja lopulta syleilee vanhan kaavoihin ja tiedeismeihin juuttuneen materialistisen kehityssuunnan airuen hengiltä, kuten kuihtuneille uskonnoillekin on oikeutetusti käynyt: osittumisen aika on ohi, sillä maailma on kokonainen.

Mistä sitten kaivatussa subjektiivisessa syvyyssuunnassa on kyse? Muun muassa tästä: Muinainen, syvä viisausteksti kuvaa tässä vihaisesti ilmaistussa kirjassani keskeisenä teemana käsitellyn asian ydintä. Olkoon se aiheen loppukaneetti:

"Kosmoksen tajuntaa ei voi käsittää silmillä, eikä puheella, tai muiden aistien avulla... Jonka mieli on puhdas ja rauhallinen, voi mietiskelyn avulla nähdä jakamattoman." (Upanisad III 1-8, 9)

60